Ative sua Bondade

"Acredito que Shari Arison possa desempenhar um papel crucial na conquista da paz mundial."
Brian L. Weiss, autor do best-seller *Muitas vidas, muitos mestres*

"Shari, a sua obra impactou o mundo de uma forma profundamente positiva, tocando corações e mentes em toda parte, no seu eterno compromisso de fazer do nosso planeta um lugar melhor para todos."
Bill Clinton, ex-presidente dos Estados Unidos

"Shari Arison – grande sabedoria, grande capacidade. Seu impacto é o da boa vontade de um espírito grandioso. Fiquei profundamente impressionado com sua cativante busca por uma maneira de contribuir para um mundo melhor."
Shimon Peres, ex-presidente de Israel e Prêmio Nobel da Paz

"Como foi que uma mulher nascida em Nova York e criada em Miami se tornou uma das mulheres mais ricas do Oriente Médio e uma das pessoas mais poderosas do mundo? Shari Arison vai inspirar e encorajar você, ensinando como dar o seu próprio salto de fé do comum para o fenomenal."
Deepak Chopra, autor do best-seller *As sete leis espirituais do sucesso*

Shari Arison
ATIVE SUA BONDADE

Tradução
Heloísa Leal

valentina
Rio de Janeiro, 2015
1ª Edição

Copyright © 2013 by Arison Creative, Ltd.
Publicado mediante contrato com Hay House, Inc.

TÍTULO ORIGINAL
Activate Your Goodness

CAPA
Raul Fernandes

DIAGRAMAÇÃO
editorîarte

Impresso no Brasil
Printed in Brazil
2015

CIP-BRASIL. CATALOGAÇÃO NA PUBLICAÇÃO
SINDICATO NACIONAL DOS EDITORES DE LIVROS, RJ

A743a

Arison, Shari
Ative sua bondade / Shari Arison; tradução Heloísa Leal. – 1. ed. – Rio de Janeiro: Valentina, 2015.
112p. : 21 cm.

Tradução de: Activate your goodness
ISBN 978-85-65859-82-0

1. Afeto (Psicologia). 2. Emoções. 3. Técnicas de autoajuda. I. Título.

15-26567

CDD: 152.4
CDU: 159.942

Todos os livros da Editora Valentina estão em conformidade com o novo Acordo Ortográfico da Língua Portuguesa.

Todos os direitos desta edição reservados à

EDITORA VALENTINA
Rua Santa Clara 50/1107 – Copacabana
Rio de Janeiro – 22041-012
Tel/Fax: (21) 3208-8777
www.editoravalentina.com.br

Este livro é dedicado a todos aqueles que decidiram praticar o bem em benefício do próximo.

SUMÁRIO

Introdução
Minha Paixão por Fazer o Bem
9

Capítulo 1
Um Chamado para Fazer o Bem
17

Capítulo 2
Fazer o Bem a Si Mesmo
26

Capítulo 3
Fazer o Bem aos Mais Próximos de Você
35

Capítulo 4
Fazer o Bem na Vida Cotidiana
47

Capítulo 5
Fazer o Bem à Comunidade e ao País
54

Capítulo 6
Reflexos da Prática do Bem
60

Capítulo 7
Fazer o Bem pela Humanidade
70

Capítulo 8
Fazer o Bem ao Planeta
80

Capítulo 9
Como Fazer o Bem Transforma sua Vida
89

Capítulo 10
Dia Internacional das Boas Ações
98

Posfácio
Despertar para uma Nova Escolha –
a Escolha de Fazer o Bem
109

INTRODUÇÃO

Minha Paixão por Fazer o Bem

Olá. Meu nome é Shari Arison, e desejo, de coração, inspirar as pessoas a fazerem o bem. Como cheguei a essa conscientização? Bem, vejamos... quando penso a respeito, percebo que foi uma longa estrada.

Nasci nos Estados Unidos, filha de pai israelense e mãe romena. Minha mãe sempre dizia o quanto odiava os Estados Unidos, por isso, quando criança, eu achava muito difícil me sentir amada por ela, já que eu era americana.

Durante a infância em Nova York, minha vida parecia uma cena saída do filme *Histórias Cruzadas*, que mostra o cotidiano das empregadas domésticas afro-americanas no Sul do país no começo da década de 1960. Embora meus pais sempre tenham tratado Marie, nossa empregada, com carinho e respeito, ambos trabalhavam fora o dia inteiro, por isso foi Marie quem me criou.

Ative sua Bondade

Quando eu estava com nove anos de idade, nós nos mudamos para Miami sem Marie, o que foi devastador para mim, e ainda sofri outro choque terrível quando meus pais anunciaram que iriam se divorciar. Minha mãe decidiu se mudar para Israel, e meu pai ficou nos Estados Unidos, perseguindo o sonho americano de riqueza e sucesso. Quanto a mim, desde pequena sentia que havia algo mais no mundo, uma conexão mais profunda, e me perguntava o que era exatamente.

Minha vida mudou por completo durante esse período. Entrei em uma roda-viva de viagens, dos Estados Unidos para Israel e de Israel para os Estados Unidos, percorrendo longas distâncias desacompanhada e fazendo as conexões conforme a necessidade. Imaginem uma menininha viajando para tão longe, totalmente só. Ainda me lembro da ocasião em que me perdi no aeroporto de Amsterdã; foi apavorante.

Graças a Deus, em Nova York, Marie sempre ia ao meu encontro no aeroporto. Ela me buscava e me ajudava a achar o caminho pelo labirinto do aparato de segurança, portões e terminais em direção aos voos de conexão. Marie foi uma grande amiga para mim e para meus filhos até o dia em que morreu. É um relacionamento de que vou me lembrar eternamente com imenso carinho.

Crescer dividida entre dois mundos – Israel e Estados Unidos – apresentou tremendos desafios para mim. Perdi a conta do número de escolas que frequentei, onde sempre tinha de fazer novos amigos. Nos Estados Unidos, implicavam comigo por ser israelense demais, e em Israel por ser americana demais. Naquela época, os dois países estavam muito afastados um do outro.

Nos Estados Unidos, todas as casas tinham telefones e tevês, mas, em Israel, era preciso esperar sete anos para se conseguir um telefone, e a televisão era novidade. Cada bairro contava apenas com uma ou duas tevês em preto e branco, em torno da qual todo mundo se reunia para assistir. As normas sociais também eram bem diferentes. Por esse motivo, eu sempre me sentia deslocada, desambientada, como se o mundo fosse cruel, e eu tivesse vindo parar no planeta errado.

À medida que fui crescendo, minha jornada continuou com os mesmos altos e baixos que a maioria das pessoas enfrenta. Embora hoje muitos pensem que tive uma criação privilegiada pela riqueza, não foi esse o caso. Meu pai faliu várias vezes, e só conseguiu fazer fortuna após muitos anos de privações. Por ser um grande visionário e ter se recusado a desistir, tornou-se bem-sucedido ao criar a Carnival Cruise Lines. Eu já estava perto dos trinta anos quando o sucesso chegou e a empresa começou a atender o grande público, embora os navios tenham feito parte da minha vida desde a época em que nos mudamos para Miami.

Por isso, depois de muitos anos de idas e vindas, e após servir no exército israelense, eu me estabeleci em Miami pela longa temporada de dezesseis anos. Casei-me e tive meus três primeiros filhos nos Estados Unidos. Depois de anos sendo mãe em tempo integral, criei uma fundação familiar, a Arison Foundation, e fui chamada para participar da diretoria da Carnival. Em seguida, vieram o divórcio, infelizmente, e a Guerra do Golfo, ocasião em que minhas horas passadas em Miami foram consumidas pela angústia. Eu me preocupava

Ative sua Bondade

demais com meus entes amados em Israel: minha mãe, tios, primos e amigos. Esses acontecimentos me fizeram adquirir maior lucidez e a certeza de que o lugar onde eu queria estar – aquele a que me sentia mais ligada – era Israel.

A essa altura, eu já havia conhecido e me casado com meu segundo marido. Junto com meus três filhos, eu me mudei para Israel no verão de 1991, onde meu quarto filho nasceu. Mais uma vez, demorei algum tempo para me adaptar à nova mentalidade. Descobri que ter sido uma criança vivendo em um país estrangeiro era totalmente diferente de tentar me adaptar como mulher e mãe a um estilo de vida e a uma mentalidade radicalmente diferentes. Mesmo assim, criei uma fundação e, mais tarde, uma empresa. Reconectei-me com a minha família e os velhos amigos, e também fiz novas amizades... estava feliz e levando a vida adiante.

Mas eu ainda enfrentava um violento choque cultural; mesmo as coisas do cotidiano em que não costumamos prestar atenção – as transações bancárias, a taxa de câmbio do dólar, o modo como as pessoas se comunicam ou negociam – eram bem diferentes do que eu estava habituada em Miami. Para não falar no machismo que enfrentei durante um bom tempo, enquanto tentava fazer carreira em um ambiente dominado pelos homens.

No decorrer dos anos, precisei encarar mais um divórcio, outro casamento e ainda um terceiro divórcio, o tempo todo tentando entender a mim mesma e à vida que estava vivendo. Recorri a mil técnicas, seminários e lições, explorei um mundo de doutrinas de espiritualidade. Estudei diversos ensinamentos e li inúmeros livros

New Age. Aprendi e amadureci... continuei aprendendo e amadurecendo.

Uma lição foi muito clara: A vida distribui provações e tribulações a todos nós. A questão é o que fazer com elas.

Não importava o que eu fizesse, sempre me sentia como se estivesse aprendendo minhas lições de vida do jeito mais difícil, à custa de um grande sofrimento emocional, até que um dia tive um estalo. Foi como se uma lâmpada acendesse. Eu me senti iluminada: *Quero fazer o bem, quero pensar o bem, quero me sentir bem.*

Eu estava muito doente quando tive o insight – física, emocional e espiritualmente exausta, após passar uma vida inteira lutando pelo que eu queria, fosse para receber atenção de meus pais na infância ou para realizar meus muitos projetos e objetivos, como criar um hospital de primeira classe em Tel Aviv. Trabalhei duro para fazer com que esse sonho se realizasse, para poder ajudar nossos cidadãos a receberem o melhor atendimento possível.

Lutei para criar uma United Way em Israel, a qual introduziu uma nova cultura de generosidade, que ainda floresce hoje em dia. Lutei em cada uma das minhas empresas e organizações filantrópicas para implantar ideias visionárias, como a liberdade financeira no banco onde sou acionista majoritária. Na minha construtora, lutei para instituir práticas de construção sustentável. E também criei uma companhia de água inspirada na ideia da abundância, que lá no começo ninguém compreendeu.

Da mesma forma, foi uma luta criar organizações como a Essence of Life, fundada na crença de que só podemos alcançar a paz mundial se alcançarmos a paz interior – cada indivíduo dentro de si mesmo e do seu ambiente.

Ative sua Bondade

Visão após visão, o processo consistiu em trazer as pessoas certas para criar as equipes certas, para infundir valores e estabelecer metas que estivessem à frente do seu tempo. Atualmente, há três universidades pesquisando e criando um currículo inspirado no meu modelo empresarial baseado em valores.

Portanto, sim, todas essas coisas são benéficas, pessoal e profissionalmente satisfatórias, e eu deveria estar no topo do mundo. Mas, há alguns anos, comecei a me sentir como se estivesse desmoronando em todos os níveis, física, emocional e espiritualmente. Percebi que, por um longo tempo, para que as pessoas me compreendessem, eu precisava bater com a cabeça na parede. Consegui derrubar muros e quebrar tetos de vidro, mas comecei a me sentir desorientada, exausta e a ponto de adoecer.

Quando a luz se acendeu, compreendi que não tinha de convencer ninguém, principalmente aqueles que preferiam não enxergar ou não mudar, por qualquer motivo. Se eu quisesse fazer do mundo um lugar melhor para viver, poderia conseguir isso cultivando a bondade em mim mesma e ao meu redor, com pessoas que compartilhassem esse sonho.

Como me senti aliviada ao compreender que não tinha mais de lutar! Hoje, concentro-me apenas em fazer a minha parte e me unir àqueles que querem o mesmo que eu: um mundo melhor. Você quer um mundo melhor?

Tenho uma visão de um mundo bom, pacífico e feliz, e digo isso não porque seja ingênua e cega. Digo porque *fui* magoada, porque *passei* por provações e tribulações, mas *acredito* que as coisas podem ser diferentes.

Aprendi a partir das minhas experiências, e continuo aprendendo todos os dias. Mas agora acredito que essas lições de vida podem ser adquiridas sem sofrimento. Tenho fé que podemos criar o ambiente saudável e positivo que queremos para nós mesmos, nossos filhos e nosso planeta.

Tento manter essa atitude em tudo que faço, tanto na minha vida pessoal como no meu grupo empresarial e filantrópico. Portanto, foi com essa atitude em mente, inspirada na minha paixão e na crença no poder de fazer o bem, que criei o Dia das Boas Ações em Israel, em 2007. Começou como uma simples ideia: Durante um dia, uma pessoa faria algo de bom por outra ou pelo mundo. Começamos com alguns milhares de pessoas, inclusive minha família e meus funcionários, e tem crescido a cada ano; recentemente, atravessou fronteiras e se tornou um dia internacional de fazer o bem.

Todos os anos, no Dia das Boas Ações, saio pessoalmente para fazer a minha parte. É um prazer enorme testemunhar os numerosos atos de bondade individuais e coletivos. Em cada lugar que visito, fico muito comovida, e meu coração vibra com toda a bondade que vejo. E me pergunto: *Não seria maravilhoso se fosse assim todos os dias?* Pode ser. Acredito sinceramente que pode ser.

Todos nós temos um papel a desempenhar na realização desse sonho. É por isso que nós na Arison continuamos ampliando nossos esforços a cada ano, para conscientizarmos cada vez mais pessoas do *poder de fazer o bem*. Queremos encorajar cada homem, cada mulher e cada criança a expressar a sua bondade não apenas nesse dia, mas em todos... em cada momento de suas vidas.

Ative sua Bondade

Este livro é a minha maneira de explicar como o conceito de "fazer o bem" funciona; como você pode fazê-lo dar certo e ativar sua bondade. O primeiro passo é se amar e se respeitar, e então essa energia positiva se espalhará por todo o mundo, transformando tudo no caminho.

◊ ◊ ◊

CAPÍTULO 1

Um Chamado para Fazer o Bem

Imagine qual seria a sensação se um dia você acordasse com uma certeza no coração – uma certeza que tivesse nutrido a vida inteira – de que uma mudança radical estava prestes a acontecer. Que essa mudança era necessária, desejada e inevitável... e que finalmente tomaria conta do mundo inteiro.

Eu sempre desejei essa mudança. Todos nós fazemos parte dela, cada pessoa no mundo. Todos nós temos um papel a desempenhar no nosso futuro coletivo. Temos uma escolha a fazer – assumir a responsabilidade aqui e agora – em relação ao modo como devemos nos comportar em relação a nós mesmos e aos outros, e nos conscientizarmos plenamente do impacto que nossas escolhas têm sobre o ambiente, o planeta e a humanidade.

A vida inteira eu me perguntei: *Qual é o meu papel?* Explorei isso sozinha, no meu íntimo, mas também com a ajuda

Ative sua Bondade

de outros. Uma vez que cada um de nós tem de assumir a sua responsabilidade pessoal, comecei me perguntando: *O que posso oferecer ao mundo, levando em conta minhas habilidades específicas, experiência de vida, e através das plataformas que obterei?*

Comecei a trabalhar na adolescência e entrei para a empresa da família em Miami aos vinte e poucos anos, quando ela começava a prosperar. Dando um salto aos dias de hoje: Vivemos em Israel, meu caçula está concluindo o ensino médio, e os meus interesses empresariais e filantrópicos estão baseados aqui. Por isso, para participar dessa mudança, senti (e ainda sinto) necessidade de começar a partir de mim mesma, já que esse é um longo processo, para então estendê-lo aos meus círculos.

Além de minhas habilidades, soube que também poderia me inspirar em minha experiência de vida. Como mencionei, passei por todos os tipos de altos e baixos, e eles não me derrubaram. Entrei em detalhes sobre todos esses desafios no meu primeiro livro, *Birth: When the Spiritual and the Material Come Together*; portanto, nada tenho a acrescentar sobre o assunto. Porém, quando reflito sobre meu passado, eu me sinto abençoada por tudo que tenho, por tudo que vivi, os bons e os maus momentos, pois foram eles que fizeram de mim o que sou hoje. Estou mais determinada do que nunca a assumir a responsabilidade por meu papel em melhorar o mundo. Quando me pediram para escrever um segundo livro, aceitei e decidi que seria sobre o poder de "fazer o bem". Eu sabia que poderia incluir no novo livro minha experiência na promoção da ideia de fazer o bem como ser humano e nas minhas empresas e organizações. Quero inspirar nas pessoas esse conceito, consciente de que todos nós somos capazes de fazer uma grande diferença.

Essa é uma visão simples e universal – uma visão que vivo com paixão. O conceito de *fazer o bem* me ocorreu há alguns anos, quando uma luz acendeu na escuridão. Essas três palavras sintetizam muito daquilo em que sempre acreditei, e quando comecei a apresentar o conceito às pessoas ao meu redor, elas também se sentiram inspiradas. Logo percebi que havia criado algo importante.

Essa visão se baseia na crença de que, fazendo o bem, pensando o bem e optando conscientemente por usar palavras, sentimentos e atos positivos diariamente, cada um de nós pode aumentar a bondade no mundo. Acredito que chegou a hora de essa visão se manifestar em todos nós, em todos os cantos do mundo.

Fazer o Bem É um Ótimo Negócio

Mesmo antes de a visão de fazer o bem se tornar clara para mim, trabalhei a vida inteira para promover mudanças em mim mesma, no meu meio ambiente e nas empresas e organizações filantrópicas do Arison Group. É claro que, desde o começo, a Arison Foundation foi dirigida profissionalmente, do mesmo modo que todas as nossas unidades empresariais. Ouvimos as necessidades das comunidades aqui em Israel e compreendemos que não estamos apenas doando fundos para instituições beneficentes, mas também fazendo importantes investimentos sociais no nosso futuro coletivo.

Ative sua Bondade

Desde muitos anos, todas as nossas empresas e entidades filantrópicas têm implantado visões de longo prazo e infundido valores. E agora posso dizer que estamos provando que *fazer o bem é um ótimo negócio*. Trata-se de um modelo empresarial totalmente novo, para o qual muitas companhias estão despertando.

Mas *Ative sua Bondade* não é tanto sobre empresas e organizações. A razão de ser deste livro é o fato de eu acreditar que todo esse bem começa com cada um de nós como ser humano. Essa é a jornada que eu gostaria que você pensasse em trilhar junto comigo – um desafio pessoal que se baseia numa premissa muito simples: *Tudo o que você tem de fazer é pensar o bem, falar o bem e praticar o bem.* Esse é o objetivo principal, e tenho muita sorte em contar com tantos funcionários no mundo inteiro que se uniram para ajudar a implantar essa mudança de mentalidade e mostrar ao mundo como pode ser feita.

Portanto, você não estaria sozinho nessa jornada – longe disso! O Arison Group já envolveu a nossa grande força-tarefa global, mais de 24 mil funcionários que estão trabalhando dentro do conceito de fazer o bem. Nossos esforços coletivos também ajudaram a encorajar mais de 250 mil pessoas em Israel e milhares de outras no mundo inteiro a "ativarem sua bondade" – praticando uma boa ação no nosso Dia das Boas Ações anual.

Será que pode mesmo ser tão simples assim? Pensar o bem, falar o bem e fazer o bem? Sim e não. Se é tão fácil, por que estamos em guerra uns com os outros? Por que há tanto sofrimento? Por que ainda existem tantas pessoas grosseiras e agressivas? Por que você levou uma fechada proposital no trânsito hoje de manhã?

Do meu ponto de vista, podemos seguir dois caminhos. Um leva a uma piora do conflito, o outro a uma maior compaixão e paz. No primeiro caso, vemos que o conflito está aumentando; e com esse aumento vem uma crise econômica mais profunda, guerras e fome prolongadas, crescimento dos índices de desemprego, aquecimento global fora de controle... e daí para pior.

Mas, ao mesmo tempo, olho à minha volta e vejo amor e compaixão. As pessoas dão mais de si hoje do que no passado, e um número cada vez maior de indivíduos toma a iniciativa de se unir para fazer do mundo um lugar melhor para se viver. Vejo incontáveis seres humanos que se importam profundamente com o seu semelhante, os animais e o meio ambiente. Acredito que, como um todo, estamos ficando cansados de tanta negatividade e buscando conscientemente novos modos de empreender mudanças positivas.

O Poder de Fazer o Bem

O amor e a compaixão estão vivos. Imagine se todo mundo pudesse estar ligado nisso! Se cada pessoa pudesse apenas se lembrar de pensar, falar e fazer o bem conscientemente, acredito que poderíamos nos transformar, e, através desse processo, transformar o mundo coletivamente.

Portanto, *Ative sua Bondade* é sobre "fazer o bem" – o que parece bastante simples e objetivo. Mas será que você sabe dar de um modo sinceramente positivo e receber de coração aberto? Você é, antes de tudo, bom consigo mesmo? Esse é o primeiro passo – um passo que tive dificuldade em dar durante anos.

Ative sua Bondade

Aprendemos quase tudo sobre os conceitos do bem e do mal, assim como as regras da vida, na infância. Comigo, isso aconteceu primeiro em Nova York, depois em Miami e Israel. Minha família é de origem judaica, mas temos um estilo de vida secular; mesmo assim, desde que eu era bem jovem, sentia-me extremamente judia e tinha um vínculo profundo com Israel.

Hoje, as pessoas me dizem que sou mais religiosa do que "os religiosos", mas prefiro pensar em mim mesma como sendo espiritualizada. Sou um ser espiritual – como todos somos –, em busca da verdadeira paixão e do caminho. Esforço-me para viver a vida de uma maneira plena e autêntica, tanto no plano material como no espiritual. Sinto uma grande paixão por ajudar a humanidade, e meu caminho é inspirar uma mudança nas pessoas, para que façam o bem.

A hora é agora, porque precisamos substituir os velhos padrões de comportamento humano e social baseados na avareza, na ganância e no medo. O que proponho é que, coletivamente, tenhamos o poder de substituir as velhas crenças que não mais funcionam pela prática do bem, e peço a cada pessoa no mundo que se una a essa visão e contribua para ela. Para que realmente dê certo, precisamos que uma massa crítica tome a iniciativa de participar.

A beleza de se fazer o bem é que não importa onde você mora, a escola que frequenta ou o modo como ganha a vida; não importa nem mesmo a idade ou a que grupo cultural pertence. Cada pessoa, sem exceção, pode promover mudanças extraordinárias quando usa o poder de fazer o bem, primeiro a si mesma, e depois permitindo que o efeito se irradie pelo mundo.

Tenho observado, nos últimos anos, que muitas pessoas em todo o planeta vêm ansiando por uma mudança, e começaram a procurar um maior significado e profundidade em suas vidas. Eu também. Os incontáveis homens e mulheres que conheço no meu dia a dia, os autores que admiro, os líderes que respeito – no mundo inteiro – parecem estar atravessando essa fase de mudanças e começando a descartar padrões ultrapassados e se libertar do velho ao acolher o novo.

Em Busca da Autenticidade

Para que uma mudança monumental chegue a ocorrer, é preciso que haja uma massa crítica, dirigida pela energia da bondade e da boa vontade autênticas. Somente quando um grande número de pessoas pensar o bem, falar o bem e fizer o bem poderemos produzir uma mudança essencial e duradoura no estado da humanidade.

Eis o que imagino que acontecerá: À medida que mais de nós descobrirmos e expressarmos a nossa individualidade autêntica, criaremos uma nova realidade que enfatizará novos valores – baseados na unidade, no amor, na amizade e na compaixão. Acima de tudo, desenvolveremos a capacidade da aceitação universal, que é a de aceitarmos a nós mesmos e aos outros, apesar das diferenças.

Cada um de nós pode usar seus talentos únicos para efetuar essa mudança, e você pode causar impacto em qualquer campo onde atue. Como sou empresária e tenho uma forte orientação moral, muitas de minhas atividades giram em torno dos empreendimentos e da filantropia, mas eu me esforço com o mesmo empenho para fazer o

Ative sua Bondade

bem na minha vida pessoal e nas relações cotidianas. As coisas nem sempre saem à perfeição – porque nenhum de nós é perfeito –, mas eu tento, todos os dias.

Aqui na Arison, estamos descobrindo que, através de uma liderança empresarial mais humana, estamos criando um mundo melhor. Isso acontece porque as iniciativas empresariais e filantrópicas (ao contrário dos países) não têm fronteiras, e o efeito que podemos surtir é planetário.

E embora eu seja uma pessoa altamente espiritualizada, sou igualmente prática. Como mencionei, o Arison Group inclui organizações filantrópicas e empresas. Estas são tanto privadas quanto concessões públicas, nos campos das finanças, imóveis, infraestrutura, sal, água e energia. Nos negócios, sempre consideramos primordial o aspecto econômico de tudo que fazemos. Mas, ao examinarmos todos os aspectos de cada empreendimento, às vezes descobrimos que ele pode ter consequências negativas para as pessoas ou para o planeta, e, nesse caso, não o levamos adiante porque, a longo prazo, não lucraremos.

O dinheiro por si só não basta para ser a nossa única força motriz; hoje, vemos isso com a maior clareza. Por outro lado, quando selecionamos projetos e iniciativas sustentáveis, sustentamos a nós mesmos como empresa. Quando o mundo lucra, nós também lucramos. Sem a menor sombra de dúvida, fazer o bem *é* um ótimo negócio.

Levar uma vida autêntica e aprender a dar e a receber de maneira equilibrada não são as coisas mais fáceis de se fazer no mundo. Boas ações, às vezes, dão errado, e boas intenções podem não surtir os efeitos que esperamos. Não é uma linha reta, mas acredito que fazer o bem tem o poder não apenas de transformar nossa vida e nos enriquecer enormemente, como também de criar uma poderosa corrente positiva. Em última análise, nossos atos de bondade pessoais e coletivos, para conosco e com o próximo, surtem impacto em todos os aspectos da vida, no planeta e na humanidade como um todo.

Compreendo que é um desafio e tanto, mas vamos começar fazendo o bem à pessoa mais importante do mundo: *você!*

◊   ◊   ◊

CAPÍTULO 2

Fazer o Bem a Si Mesmo

Quando um comissário de bordo dá instruções sobre como se deve agir em caso de emergência, ele sempre orienta que você coloque a máscara de oxigênio em si próprio antes de colocá-la em seu filho ou em qualquer outra pessoa que precise de ajuda. Isso pode parecer quase absurdo à primeira vista, já que a reação natural de qualquer pai ou mãe seria socorrer o filho imediatamente. Mas, se você não cuidar de si próprio primeiro, não poderá cuidar de mais ninguém. Você deve primeiramente se ajudar, ou não será capaz de ajudar mais ninguém.

Parece simples quando explicado desse modo, mas ser bom, carinhoso e compassivo consigo mesmo de modo sistemático não é tão simples assim. Há muitas razões por que s pessoas não se amam e continuam a pôr as necessidades e os desejos dos outros na frente dos delas, mesmo em detrimento de sua própria saúde e bem-estar.

Talvez você seja uma dessas almas extraordinariamente bondosas. Talvez seja uma das muitas pessoas que aprenderam com os pais que deveriam sempre dar aos outros antes de darem a si mesmas, porque dar a si mesmo é egoísmo. Muitos ensinamentos religiosos pregam o serviço aos outros e a doação aos necessitados. Mas acredito que, se você não cuidar de si primeiro, simplesmente não terá o que dar!

O primeiro passo para fazer o bem a si mesmo é se amar, o que implica em aceitar e amar quem você é em todo e qualquer momento. Para poder fazer isso, você primeiro precisa se conhecer. Você deve estar pensando: *Mas eu me conheço!* Será que conhece mesmo? Será que sabe o que realmente quer e o que lhe faz bem? Sabe como ouvir a si próprio, a seu corpo, a sua alma? Trata seu corpo como o templo que ele é, dando-lhe a melhor nutrição possível e bastante descanso? Você se sente sinceramente feliz, saudável e em paz?

Poucos de nós alcançamos esse ponto de equilíbrio, porque nossas vidas são frenéticas e bombardeadas por um excesso de estímulos. Todos nós temos desafios a enfrentar, mas será que encaramos o cotidiano de maneira positiva e saudável? Muitos de nós trabalhamos demais, descansamos de menos, não nos exercitamos o bastante, exageramos nas compras e passamos mais tempo do que o necessário diante do computador. E alguns de nós levamos isso ao extremo de fumar, beber e comer compulsivamente, ou até mesmo usar drogas. Todo excesso, seja do que for, nos desequilibra e impede de nos sentirmos realmente satisfeitos.

Ative sua Bondade

Como muitas pessoas, tive problemas com a balança em épocas diferentes durante toda a minha vida – comi demais, não me exercitei o bastante... –, assim como tive muito trabalho para voltar a entrar em forma. Por isso eu entendo sinceramente. Não é fácil superar velhos hábitos e encontrar o equilíbrio, mas você pode fazer isso.

Ninguém quer ficar acima do peso, exausto por excesso de trabalho ou viciado em drogas. Ninguém quer se sentir infeliz ou estressado. Esses são sintomas de que algo muito mais profundo está acontecendo. Como seres humanos, com o correr dos anos vamos acumulando camadas e mais camadas de mágoas, medos, frustrações e raiva. Mas, debaixo de tudo isso, está a nossa individualidade autêntica, uma individualidade digna de amor e de aceitação. Nossa essência é como um diamante, mas, quando estamos cobertos por camadas de "sujeira" e energia negativa, elas escondem a nossa verdadeira individualidade.

Desenvolver a Autoconsciência Através da Introspecção

Há muitas maneiras de se livrar das camadas de energia negativa. Discorri sobre o assunto longamente no meu primeiro livro, e são inúmeros os livros New Age e de autoajuda com diferentes técnicas que você pode experimentar. Pessoalmente, descobri que a melhor atitude inicial é dar uma boa olhada em si mesmo. A introspecção funciona; não é rápida nem fácil, mas é eficaz. Quando você aprende a se ver e a se amar por quem você é, quando está conectado ao que realmente deseja, fazer o bem a si próprio se torna uma segunda natureza.

O primeiro passo é a autoconsciência; portanto, seja o mais honesto possível consigo. Não se julgue ou se recrimine, nem a terceiros, pelas culpas ou defeitos que vê. Sem desculpas esfarrapadas. Em seguida, pergunte-se: *Como estou me sentindo?* Deixe que os sentimentos aflorem e se expressem de maneira positiva. Assim que se sentir limpo, poderá refletir mais profundamente sobre o que você realmente quer na vida.

Compreendo o quanto é difícil fazer isso. Muitas vezes eu disse: "Vou começar a dieta amanhã", e nunca levava adiante. E também muitas vezes ouvi amigos dizerem: "Vou parar de fumar", mas não conseguiam. É assim mesmo. Apenas continue a limpar as camadas que o estão impedindo de fazer escolhas positivas. Continue concentrado naquilo que deseja, e peça, de coração, uma intenção pura a alguém acima de você. Eu diria Deus, mas outra pessoa poderia dizer "Um Poder Superior", ou "O Universo". Escolha o que faz sentido para você. Apenas se lembre de pedir algo bom.

Aqui vão alguns exemplos de como usar o processo de introspecção. Um deles é sentar em silêncio, concentrar-se na respiração, aquietar o cérebro e deixar que os sentimentos aflorem. Continue respirando profundamente, concentrando-se em cada respiração, e se pergunte: *O que estou sentindo?* Tome consciência de seus sentimentos, sinta profundamente essas emoções, e então as libere, seja chorando, gritando, ou, se preferir, anotando-as em um diário… qualquer método que funcione com você. O principal é reconhecê-las e liberá-las, limpando-se das camadas de energia negativa a que estava se apegando. Mas, lembre-se, esse é um processo para você mesmo, feito por você mesmo. Não desconte suas frustrações nos outros.

Ative sua Bondade

Outra técnica introspectiva é olhar-se no espelho. Contemple profundamente seus olhos. O que eles estão lhe dizendo? Estão tristes? Se você vê tristeza, faça uma opção consciente pela felicidade. Pode ser desconfortável no começo, mas insista. Continue concentrado, respire profundamente, contemple profundamente e ouça o que sua alma tem a lhe dizer. Seja paciente. Com um pouco de prática, as soluções virão.

O que descobri é que, quando você realmente se ama e se aceita exatamente como é, começa a fazer melhores escolhas de vida. Você estabelece limites saudáveis para se proteger da negatividade no seu meio ambiente, experimenta maior compaixão pelos outros, e o seu amor se irradia para o mundo de maneiras maravilhosas.

À medida que vai se descartando da energia de que não precisa mais, camada por camada, é como se estivesse removendo as camadas de sujeira que encobrem o diamante interior, e sua verdadeira essência pode brilhar. Em geral, não é uma só limpeza, mas muitas, já que provavelmente foram necessários anos e anos para que as camadas que o bloqueiam se acumulassem. No momento em que pensar que já acabou, poderá descobrir mais camadas aflorando à superfície. Isso aconteceu comigo, e agora posso aceitar que a introspecção e a limpeza de energia se tornaram parte da minha rotina diária.

Quando você passar pelo processo de introspecção, poderá descobrir coisas de que não gosta em si mesmo, mas não lute contra elas. Isso só servirá para causar resistência. Toda ação gera uma reação. Portanto, aceite as coisas que aflorarem, goste delas ou não. É somente quando você as aceita que pode liberá-las.

Descubra o que Funciona para Você

Se essas técnicas lhe parecem desafiadoras, há outras que poderão ajudá-lo a descobrir sua verdadeira individualidade. Não tenha medo de pedir ajuda. Explorei muitas técnicas durante anos, ao longo de minha jornada para liberar as camadas de energia negativa que haviam se acumulado no meu corpo e na minha alma. Reservar um tempo para o desenvolvimento pessoal não é indulgente, egoísta ou narcisista. Ao contrário, é necessário e vital ser bom consigo mesmo, se você deseja fazer o bem ao próximo.

O que acontece quando você experimenta essas técnicas e se torna mais consciente de si mesmo é que consegue se livrar daquilo de que não precisa mais. Por exemplo, se está se apegando à raiva, ela é uma energia que se encontra no seu interior e ao seu redor. A maioria das pessoas pensa que certa dose de emoção faz parte de quem elas são, mas não acredito nisso. A raiva, ou qualquer outra emoção, é apenas energia. Sabemos que não queremos sentir raiva, por exemplo, mas às vezes é muito difícil ver a diferença entre a raiva e quem somos no nosso íntimo.

No entanto, o processo de limpeza e de autodescoberta resulta em autoconsciência, e, com maior autoconsciência, você verá que não precisa mais daquela raiva ou das mágoas passadas. Você não precisa mais desses aspectos com que teve dificuldade; eles não favorecem a bondade, tampouco fazem parte da sua natureza. Você é puro amor no seu íntimo, na sua essência – todos nós somos. Assim que se libertar das nuvens de elementos prejudiciais e emoções dolorosas, descobrirá que *pode* escolher o bem.

Ative sua Bondade

Portanto, em termos práticos, quando surgirem os pensamentos negativos, tome consciência deles e se concentre no que quer, de uma maneira saudável. Por exemplo, talvez você esteja furioso consigo mesmo, pois foi dormir muito tarde e acordou exausto. Em vez de se recriminar, treine seus pensamentos para responderem de uma maneira afetuosa. Pense: *Quero criar um dia melhor.*

Não seja duro demais consigo mesmo se descobrir que seus pensamentos são predominantemente negativos; continue tentando se concentrar nos bons pensamentos. É como treinar o corpo para entrar em forma. No começo, quando você inicia um novo programa de exercícios, mal consegue respirar e cada nova atividade é exaustiva. Mas, se insistir, ficará cada vez mais fácil. Da mesma forma, você terá de se esforçar para se concentrar de maneira consistente e sistemática nos bons pensamentos, e, com a prática, dia após dia isso se tornará mais fácil e natural.

Ao mesmo tempo, preste atenção nas suas palavras e na forma como fala. Elas fazem com que você se sinta bem ou mal em relação a si mesmo? Tente falar conscientemente e de uma maneira afetuosa. Com a prática, isso também se tornará mais fácil.

Além de pensar o bem e falar o bem, comece a agir. Quando você começar a se sentir melhor e a se livrar das camadas que o estão prendendo, pensará naturalmente em todas as boas coisas que pode fazer e que são saudáveis para o seu corpo e a sua mente. Agora, chegou a hora de entrar em ação!

Começar a Agir por Si Mesmo

Observe o que o faz feliz, o que o abastece de energia, o que faz seu corpo vibrar. Assim que souber, faça aquilo que o engrandece. Talvez você adore escrever, criar obras de arte ou cozinhar. Mas, com todas as responsabilidades do dia a dia, você pensa: *Não tenho mais tempo para fazer essas coisas.*

É necessário arranjar tempo para as coisas que ama. É bom dançar, rir, desenvolver o lado artístico – atividades como essas alimentam a alma e podem ser calmantes e relaxantes. Dar uma corridinha, assistir a uma comédia com um amigo, cuidar do jardim e ver as plantas crescerem, brincar com seu cachorro... quando começar a realizar alguma atividade que considere positiva, você se sentirá melhor e mais cheio de energia.

No meu caso, comecei a notar ao longo dos anos que me sentia esgotada sempre que tinha de participar de atividades que não me agradavam, ou quando estava na companhia de certas pessoas. Eu apenas não me sentia bem, e isso era exaustivo. Quando me tornei mais consciente e estabeleci um contato mais profundo com a minha individualidade autêntica, prestei atenção ao que era revigorante e ao que era estressante para mim. Agora, dou prioridade a frequentar lugares e estar com pessoas que me fazem sentir bem.

Também fiz a escolha consciente de usar meu tempo livre para me dedicar a atividades que realmente me dão prazer, como ir à praia, assistir a filmes, ler livros, meditar ou expressar a minha criatividade através da escultura, do desenho ou da dança. Quando você decide fazer coisas

Ative sua Bondade

que são revigorantes, tem muito mais energia positiva para todos os aspectos da vida.

Através da introspecção, eu também compreendi que sou o tipo de pessoa que precisa ter tempo para si, para reabastecer as forças. Posso ouvir música, dar uma volta ou apenas me sentar em silêncio e curtir a solidão. Assim que comecei a acrescentar conscientemente esses momentos tranquilos ao meu dia, senti uma grande diferença. Ainda tenho uma agenda cheia, contudo disponho de mais energia para ela porque sistematicamente reservo tempo para a reflexão pessoal e para recarregar minhas forças.

É muito importante conhecer a si próprio e o que faz você se sentir bem. É relativamente fácil acrescentar coisas simples ao seu cotidiano. Lembre-se: Quando você pensa o bem, fala o bem e faz o bem, a transformação acontece de dentro para fora; e, agindo assim, você transforma o mundo. Agora que aprendeu a aplicar esses princípios em você mesmo, que tal aplicá-los nas pessoas à sua volta e no planeta? Permita que o bem que habita em você se espalhe.

◊ ◊ ◊

CAPÍTULO 3

Fazer o Bem aos Mais Próximos de Você

Saiba você disto ou não, nossa energia tem o mesmo poder de propagação de uma pedra atirada no oceano. Todos temos uma vibração que ressoa dentro de nós e se espalha em direção ao mundo. O primeiro círculo externo onde essa propagação se faz sentir é o interior de nossos lares. A bondade tem o poder de acalmar e alegrar aqueles que mais amamos; é contagiante. Mas a propagação causada pela energia negativa também tem o mesmo poder. Se decidirmos trazer uma nuvem de energia negativa para casa, adivinhe o que vai acontecer? Toda a família logo será contaminada.

Imagine um homem chegando do trabalho, furioso por causa de algo que lhe aconteceu naquele dia. Bate a porta do carro, irrompe porta adentro e passa pela esposa em passos firmes, sem sequer cumprimentá-la. Provavelmente ela estava ansiosa para que ele voltasse,

Ative sua Bondade

mas agora está preocupada e nervosa. Será que ele perdeu o emprego? Será que está zangado com ela? A mulher se senta à mesa, triste e assustada. É uma cena que poderia acontecer em qualquer casa. Você já deve ter visto ou vivido algo semelhante.

Mas, espere! E se voltássemos no tempo e revíssemos a cena? Dessa vez, o mesmo homem chega do trabalho, furioso por causa de algo que lhe aconteceu, e bate a porta do carro ao sair. Ele se dirige à porta de casa em passos firmes, mas os interrompe pouco antes de entrar. O homem se dá conta de que sua raiva está no ponto de ebulição, prestes a entrar em casa junto com ele.

Ele para e faz um esforço consciente para se acalmar. Respira fundo algumas vezes e solta o ar – liberando as emoções descontroladas a cada expiração. Ele sabe que a raiva não tem nada a ver com a sua família e, além disso, agora já está em casa.

O ato de respirar fundo lhe acalma os nervos, e ele consegue entrar tranquilamente. Tira o casaco e cumprimenta a esposa com um sorriso carinhoso, curvando-se em direção ao sofá em que ela se encontra para lhe dar um abraço. Ela retribui o sorriso, comenta sobre algo engraçado que estava vendo na internet, e os dois dão boas risadas. Uma maneira muito mais agradável de começarem a noite juntos.

Um cenário totalmente diferente! Como foi grande a mudança quando o homem se conscientizou da sua raiva, e levou menos de um minuto para se acalmar. Precisou apenas respirar fundo algumas vezes. Ele *tomou a decisão de pensar o bem*. Em seguida, *falou o bem* – um cumprimento carinhoso para a esposa. E deu seguimento a essa atitude *fazendo o bem*: ele reservou alguns momentos para abraçá-la e ouvir as notícias sobre como foi o dia.

É muito provável que ele ainda estivesse se sentindo aborrecido, mas não deixou que essa nuvem de energia negativa entrasse em casa e afetasse seus entes amados. Além disso, sentiu-se melhor porque foi capaz de curtir a família, jantando em sua companhia e relaxando sem ter provocado uma cena desagradável. Esse é o poder de fazer o bem e um ótimo exemplo de como é fácil fazê-lo.

Talvez mais tarde, marido e mulher tenham tido uma conversa tranquila sobre o dia que passaram, e ele pôde lhe dizer por que havia ficado tão aborrecido, mas, a essa altura, já estavam mais calmos e em melhores condições de lidar com a situação. Geralmente, depois que nos acalmamos, podemos ver os acontecimentos mais perturbadores sob uma luz diferente.

Escolher a Harmonia em Vez do Caos

Essa consciência e essa aceitação podem ser atingidas sempre que você se sente zangado, aborrecido, frustrado ou triste. Suas emoções podem ser intensas, por isso também são campos de energia. Você é o único que pode escolher o modo como elas irão afetá-lo: permitindo que estraguem completamente seu dia, ou decidindo observá-las e descartá-las de uma maneira positiva.

Mas e se é algum parente com quem você mora que o está levando à loucura? Você não pode expulsar essa pessoa ou se mudar, pois essa pessoa é importante para você. E também não pode transformá-la; só pode

Ative sua Bondade

transformar a si mesmo. Depende totalmente do outro a decisão de mudar ou não. E também é o que acontece na natureza – um pássaro é um pássaro, um peixe é um peixe. Um pássaro não pode transformar um peixe em um pássaro, tampouco um peixe pode transformar um pássaro em um peixe. Mas nós humanos ficamos tentando mudar uns aos outros, o que pode causar um sofrimento infinito no seio de uma família. Bem, pode ter parecido infinito até agora.

Antes que uma desavença com um ente amado saia completamente de controle, acalme-se e diga (mesmo que apenas em pensamento): *Eu escolho me acalmar.* Parece simples, não é? Mas, se é tão fácil assim, por que ninguém faz isso? O que aprendi é que, quando o outro me aborrece, isso serve para me mostrar algo dentro de mim. Se estou zangada com alguém, a raiva é uma energia que está em mim. Por isso, eu me pergunto: *O que foi que esse rompante deflagrou em mim? O que preciso resolver para me sentir melhor?* No momento em que analiso a raiva e a compreendo, torno-me capaz de descartá-la, respirar fundo e decidir me acalmar.

Quando reconhecemos que somos diamantes encobertos – e que conhecemos o processo necessário para remover as camadas e sermos capazes de nos aceitar e de nos amar –, podemos então aceitar os outros com maior consciência e compaixão. E também aprender a ser gratos a eles por nos mostrarem o que precisamos resolver dentro de nós mesmos.

É útil lembrar que nossos entes amados são tão dignos de compaixão quanto nós. Eles tiveram sua quota de mágoas, frustrações e decepções, e provavelmente estão reagindo por sentirem medo e dor. Dê-lhes o benefício da dúvida e tente fazer algumas concessões – compreender seu ponto de vista e tratá-los com carinho.

Muitos desentendimentos familiares ocorrem porque alguém quer mudar outra pessoa. Cada um acredita que o seu ponto de vista é o certo, e que todos deveriam concordar com ele. Mas você tem de aceitar que aqueles que ama são diferentes de você; afinal, cada ser humano é único. Eles podem querer coisas diferentes, ainda assim fazerem parte da sua família.

Quando aceitamos essa regra da natureza ("Você não pode mudar outra pessoa") e desistimos de convencê-la de nossos pontos de vista, oficialmente temos permissão para tirar o time de campo. Ainda podemos oferecer apoio, encorajamento e compreensão. Podemos nos oferecer para pagar a terapia, a reabilitação ou a orientação vocacional – o que puder ajudá-la –, mas, no fim, aqueles que tentamos ajudar precisam querer ser ajudados, ou simplesmente nada irá funcionar.

Nesse caso, apenas continue amando. Ame a si mesmo de todo coração, e ame seus familiares com a mesma intensidade. Veja o bem no íntimo deles; veja a sua essência, o diamante que pode estar encoberto. Pense boas coisas a respeito deles, e fale bem deles. Acredite neles. Tome atitudes positivas, mas não imponha a sua vontade. Isso é tudo que você pode fazer, mas é poderoso. Mais poderoso até do que gritar – disso você pode ter certeza.

Infelizmente, no entanto, por mais poderosa que seja a prática do bem, ela nem sempre funciona. Muitas vezes, no decorrer dos anos, enfrentei situações em que tentei ao máximo ser positiva e fazer tudo ao meu alcance para

Ative sua Bondade

enviar pensamentos positivos a pessoas específicas na minha vida. Mas, às vezes, não importa o que você faça, o outro pode ainda preferir continuar envolto na sua própria negatividade ou raiva, apegado a mágoas passadas.

Aceitar e Descartar

Finalmente, você se dará conta de que só precisa aceitar que esse é o jeito de ser da pessoa, e que não há pensamento positivo ou gesto de carinho da sua parte que possa mudá-la. A essa altura, você precisará aceitar que talvez ela nunca mude e, nesse caso, vocês não poderão continuar juntos, ou mesmo se manter em contato. O que descobri é que situações como essa simplesmente não são saudáveis para mim, já que eu não poderia ser feliz nesse tipo de ambiente.

Sempre que você tem de se separar de uma pessoa que amou profundamente – seja um cônjuge, um pai ou uma mãe, um filho, irmão ou amigo querido –, sentimentos dolorosos vêm à tona: raiva, mágoa, culpa, a dor de ter sido traído, decepção... Por mais difícil que seja, você tem de analisar essas emoções dolorosas e se permitir senti-las, para poder então descartá-las de uma maneira positiva. Mantenha o coração afetuoso e aberto. Se quer fazer o bem a si mesmo e aos outros, afaste-se com amor. Nunca se sabe o que nos reserva o amanhã.

O processo de separação e o modo de enfrentá-la dependem totalmente de você. Lembre-se apenas de que não é egoísmo decidir fazer o bem a si mesmo; é necessário, e você tem a responsabilidade de escolher a melhor situação para si e os outros. Nem todas as relações interpessoais dão certo. Ainda assim, descobri que, na maioria das vezes, quando escolho o bem e irradio bondade para os que me são próximos, isso produz mudanças positivas.

O poder de fazer o bem e de compartilhar emoções saudáveis com os que nos cercam já foi comprovado. Gestos de carinho, abraços afetuosos e um sorriso feliz são atitudes que até uma criança bem novinha pode compreender. Na verdade, há pouco tempo assisti a um programa na tevê que ilustrava isso de maneira bem interessante.

No programa, havia várias crianças pequenas em uma sala com grandes bonecos acolchoados, sentados em volta delas. As crianças assistiam a cenas em que pessoas de todas as idades trocavam abraços carinhosos, demonstrando simpatia e afeto. Quase imediatamente, as crianças na sala começaram a abraçar os bonecos ao seu redor. Elas captaram depressa o que fazer, imitando o que tinham visto.

Porém, em seguida, o mesmo tipo de experiência foi repetido, mas, dessa vez, o programa a que foram expostas mostrou pessoas batendo e dando socos umas nas outras. Quase imediatamente as crianças começaram a imitar o que viam, batendo e dando socos nos bonecos, do mesmo modo como tinham testemunhado.

Foi impressionante ver o experimento se desenrolar dessas duas maneiras extremas. Isso me lembrou de como é importante ser afetuoso sempre; você não sabe quem

Ative sua Bondade

pode estar observando ou o que vai absorver do seu comportamento. Quanto mais você pratica fazer o bem a si mesmo e àqueles que ama, mais você se torna um exemplo de vida que abrange tudo isso.

O simples poder que está presente em um abraço e um sorriso já foi mais do que comprovado. Quando assisti ao programa de tevê em que as crianças abraçavam os bonecos, senti meu coração e minha alma se encherem de emoção. E recordei uma história que ouvi quando estávamos recebendo testemunhos pessoais sobre o Dia das Boas Ações em Israel.

O Poder da Energia Positiva

Essa história veio do consultório do Dr. Blum, no tempo em que ele era o chefe do Departamento de Neurologia de um dos maiores hospitais de Israel. Na verdade, seu consultório mais parecia um quarto de criança. Dúzias de ursos de pelúcia coloridos se espalhavam por todas as mesas, poltronas e prateleiras – até mesmo na maca de exames.

"Aqui no departamento, sou chamado de Dr. Urso de Pelúcia", contou, com um sorriso. O Dr. Blum ri e sorri muito. "Rir é muito saudável", observou. "Em geral, o estado de espírito, a situação emocional e o nível de energia espiritual têm um enorme efeito sobre a recuperação. Foi o que aprendi quando decidi estudar medicina alternativa, além da medicina convencional."

Mas os ursos de pelúcia, admite, foram ideia de sua filha mais nova, Maya, de dezesseis anos.

"Conversamos muito sobre o meu trabalho no hospital, porque ela está interessada no assunto e pensando em cursar medicina. Um dia me perguntou qual era o estágio mais difícil no tratamento dos pacientes, e, sem pensar duas vezes, respondi que era a recuperação.

"Há muitos casos em que o tratamento supera todas as expectativas, mas o paciente tem uma recuperação lenta e difícil", explicou o Dr. Blum. "Juntos, tentamos pensar em um modo de ajudar na recuperação, e Maya disse: 'Precisamos encontrar um jeito de lhes dar uma energia de recuperação que fique com eles por muito tempo.' Ela sugeriu que 'botássemos para carregar' os ursos de pelúcia com energia positiva e os déssemos aos pacientes."

Foi assim que nasceu o projeto Ursos de Recuperação.

"Maya tinha uma bela coleção de ursos de pelúcia, que decidiu doar para o projeto", relembra o Dr. Blum. "Sentamos e meditamos juntos, transferindo uma boa energia de recuperação para os ursos. Em seguida, nós os distribuímos no hospital."

O Dr. Blum conta que a resposta foi positivamente assombrosa. Pacientes que receberam os ursos reportaram diminuição nos níveis de ansiedade, sono mais profundo e tranquilo, e recuperação mais rápida.

"Outras pessoas ouviram falar nos Ursos de Recuperação e quiseram ajudar. Elas começaram a doar ursos, e hoje podemos oferecer um Urso de Recuperação totalmente carregado de energia positiva a cada paciente do hospital", contou o homem que se orgulha de ser conhecido como Dr. Urso de Pelúcia.

Ative sua Bondade

Quando você pensa no experimento, vê que foi bastante simples, mas deu certo! Uma família – o Dr. Blum e sua filha – provou que a boa vontade e a energia positiva podem transformar os que são tocados pela bondade. Quando você trilhar esse caminho, também começará a se conscientizar plenamente do seu potencial. E estará muito mais apto a apoiar os que ama enquanto eles trilharem a sua própria jornada rumo à plena realização do seu potencial. Em pouco tempo, você descobrirá que fazer o bem permeia cada aspecto da sua vida, enriquecendo a você e aos seus amados, e trazendo aos membros da família maior vitalidade e alegria.

Nunca é Tarde para Curar

Estou sempre me surpreendendo com o poder de fazer o bem. Tive ainda mais motivos para me conscientizar desse poder quando, nos últimos anos, vi meus pais adoecerem e falecerem. Em 1999, perdi meu pai, Ted Arison, vítima de câncer, doença cardíaca e diabetes; em 2012, minha mãe, Mina Arison Sapir, faleceu de uma doença pulmonar crônica.

Ambos viviam em Israel na época em que faleceram, perto de mim e da minha família. Eu me vi em dois períodos diferentes, primeiro ao lado de meu pai, e, anos depois, de minha mãe, esperando os relatórios médicos e resultados de exames, enfrentando sustos horríveis quando eles eram internados às pressas, dando um pulo de nervoso toda vez que o telefone tocava, vivendo o tormento de ver alguém que se ama sofrer tanto.

Por mais estressante que tudo isso tenha sido para eles e para mim, fiquei grata por ter podido estar ao seu lado para apoiá-los. Durante toda a nossa vida, não tive uma relação das mais carinhosas e íntimas com meus pais; acho que, por causa da cultura em que foram criados, eles não eram do tipo que demonstra profundas emoções ou afeto. Na adolescência, e durante boa parte de minha vida com eles, as emoções eram firmemente represadas. Mas, apesar de nossas diferenças, eu os respeitava e amava, e sei que era recíproco.

É por isso que considero uma bênção que, anos mais tarde, tenhamos sido capazes de superar a mágoa, a raiva, os problemas de comunicação e as decepções do passado, e sido capazes de perdoar. Fui abençoada por receber a chance de dizer tudo que guardava no coração antes de eles falecerem. E me sinto abençoada por ter podido ouvi-los, por ter podido lhes mostrar quem eu realmente era, e finalmente ter vivido um relacionamento autêntico, de profunda conexão, mesmo que tenha sido apenas perto do fim.

Meu pai pediu expressamente que não se fizessem discursos após a sua morte; no entanto, no enterro de minha mãe, decidi dizer algumas palavras. Falei sobre sua força de vontade e boas qualidades, e também refleti sobre os altos e baixos e a realidade de nossas vidas. Falei sobre como, após anos de distância, chegamos a um ponto em que um verdadeiro senso de intimidade se criou e um vínculo familiar se formou – um vínculo, acima de tudo, de carinho e afeto.

Disse no enterro de minha mãe que isso mostra que nunca é tarde. Nunca é tarde para falarmos, ouvirmos, compreendermos e aceitarmos uns aos outros. Nunca é tarde para perdoarmos. Não foi um discurso fácil de

Ative sua Bondade

fazer em um momento de tanta emoção, mas tive o impulso de compartilhar a nossa complicada trajetória com os amigos e a família.

E me senti tão bem por agir dessa forma! No fim, ao expor o que sentia tão honestamente, recebi um retorno incrível dos que compareceram. Mesmo semanas e meses depois, as pessoas me disseram que tinham ficado tão comovidas com a bondade em nossa história que isso as inspirara a tomar a iniciativa de resolver conflitos que já duravam anos em suas próprias famílias.

Como tenho dito desde o começo, quando você pensa o bem, fala o bem e faz o bem, você se transforma por dentro. E, ao se transformar, sua bondade se irradia para todos à sua volta.

Que tal levarmos esse princípio um passo adiante? Levar aos vizinhos, aos colegas de turma ou de trabalho, e a qualquer um com quem você tenha contato todos os dias. O efeito de sua bondade é sentido por todos à sua volta.

◊ ◊ ◊

CAPÍTULO 4

Fazer o Bem na Vida Cotidiana

Enquanto crescemos e vivemos o dia a dia, buscamos nosso lugar no mundo. É o processo de encontrar caminhos e descobrir nosso verdadeiro chamado. Acredito que, através da prática do bem, podemos realizar isso.

Sob muitos aspectos, a vida é como uma orquestra. Cada instrumento é único, com sua própria frequência, tom, timbre e som. O violoncelo é um violoncelo, o piano é um piano, o violino é um violino… cada instrumento tem sua voz única, que deve ser afinada cuidadosa e regularmente.

Em seguida, deve haver respeito mútuo entre os músicos durante a execução da peça, deixando que cada instrumento desempenhe o seu papel. Quando os instrumentos estão afinados e são tocados com respeito, uma linda música é produzida pela orquestra. Mas, se os instrumentos não estão perfeitamente afinados, nem são tocados em

Ative sua Bondade

respeitoso uníssono, o resultado é simplesmente uma cacofonia, puro barulho.

Podemos aprender com o músico que afina o instrumento em silêncio, antes de se juntar à orquestra. Acredito que, em nossa vida cotidiana, devemos afinar nossa individualidade antes de "tocá-la" para os outros, para termos certeza de que tanto nossa voz quanto nossas emoções são claras, corretas e sinceras – que estamos tocando as notas autênticas do coração.

Assim que estivermos afinados com nós mesmos, a exemplo dos músicos, deveremos ficar atentos aos que nos cercam, respeitando sua individualidade e crenças para que reine a harmonia. Por outro lado, se não nos mantivermos afinados e não tratarmos os outros com respeito, não haverá nada além de barulho e caos no ambiente cotidiano, seja no trabalho, na escola, ou em casa.

Nesse sentido, tudo depende da escolha entre criar o caos ou a harmonia em nossas vidas. Que notas você escolhe ouvir? Escolhe uma melodia agressiva de raiva e ódio ou uma melodia suave de amor e compaixão? Faça um esforço para realmente ouvir e propagar uma melodia pessoal que seja clara, bela e respeitosa – e que possa transformar a atmosfera na vida cotidiana, fazendo-a passar do ruído à música, do caos à harmonia.

Acredito que a busca por um mundo harmonioso comece e termine com a prática do bem. A bondade se verte de nós em círculos que se expandem cada vez mais, estendendo-se para além de nós mesmos e nossos lares até os vizinhos, os colegas de turma, de trabalho e todos aqueles com quem temos contato diariamente.

Ao realizar as atividades cotidianas, tenha consciência de que praticar o bem não é apenas dar coisas materiais. Há inúmeras e variadas formas de fazer o bem a si mesmo e aos outros ao seu redor. Um sorriso, uma palavra de carinho, um conselho sensato, um ombro amigo, um ouvido atento – atos que não custam nada a quem os dá, mas provavelmente valem muito para quem os recebe, muito mais do que se possa imaginar.

Acredito que nascemos com a bondade dentro de nós, e logo aprendemos de nossos pais sobre o bem e o mal. Em criança, eu queria fazer o bem e intuía muitos dos erros no mundo. Não compreendia como as pessoas eram capazes de ser tão cruéis. Mesmo no pátio da escola, não conseguia compreender por que todas as crianças não se davam bem umas com as outras. Naturalmente, em toda a minha vida continuei a ter essas preocupações, e ainda tenho. Não vivemos em um mundo perfeito, e dentro de nós também há uma luta constante. O bem ou o mal – a escolha é nossa.

Descobrir o que Você Tem a Oferecer

Ao escolher fazer o bem, você pode encontrar o seu lugar na vida. Essa é uma das maneiras que deram certo para mim. Quando, há muitos anos, comecei a trabalhar na diretoria de uma de minhas empresas em Israel, eu me sentia muito insegura. Minha experiência era na área de viagens e lazer, que eu adorava, e dirigia uma pequena empresa, além da fundação familiar. No entanto, eu me senti um peixe fora d'água quando me vi cercada à mesa por tantas pessoas da área financeira.

Ative sua Bondade

No começo, eu me comparei aos demais membros da diretoria que eram experts em economia e davam extrema importância aos números. Demorei algum tempo, e tentei me adaptar, mas finalmente percebi que não devia fazer comparações com eles. Quando essas pessoas apresentavam as questões financeiras, eu ficava entediada, enquanto elas se iluminavam.

Mas então, quando chegava o momento de falar sobre visão e estratégia, sobre agradar ao cliente, dar nome ao produto e retribuir à comunidade, era *eu* que me iluminava! Tinha muito a oferecer; ficava eufórica por encontrar meu lugar naquele ambiente. Porém, quando comecei a me envolver mais a fundo nesses assuntos e a falar sobre visão, a maioria dos outros à mesa não compreendeu a importância dela, e tampouco a dos valores.

Foi quando percebi que eu não precisava ser como eles. O que eu tinha a oferecer era muito diferente do que eles tinham a oferecer, mas ainda assim era uma parte fundamental do conjunto. Foi quando compreendi que cada um de nós tem um lugar onde pode usar seus talentos únicos para o bem maior. A vida é como um grande quebra-cabeça onde cada um de nós é uma peça. Cada peça do quebra-cabeça é única em tamanho, formato e cor. Você não descobrirá o tema até ver todas as peças juntas e a imagem inteira se formar!

Como peças coloridas de um quebra-cabeça, a vida de cada um é diferente. Por acaso, a minha vida profissional gira em torno de empresas comerciais e filantrópicas, que equilibro com a vida familiar e pessoal. Outros podem ser atletas ou chefs, fazendeiros ou professores, cientistas ou estudantes, ou mesmo atuar no comércio, na área da saúde ou em casa, como pais ou cuidadores – a lista de profissões e trajetórias de vida a escolher neste mundo é infinita.

Há muitos modos de descobrir quais são os seus talentos únicos e a sua própria trajetória, mas por que não começar fazendo o bem? Tente pensar de maneira original e criativa para descobrir onde você se encaixa. Nem todo mundo que tem talento musical é obrigado a ser concertista, principalmente se sente vergonha de subir em um palco; mas, ainda assim, a pessoa pode dar aulas de música, por exemplo.

Como Você Deseja Ser Visto?

Quando começar a procurar o seu propósito, pense nos muitos encontros inesperados, casuais, que acontecem na sua rotina diária. Olhe com atenção para a imagem que eles refletem. É assim que deseja ser visto aos olhos do mundo? É assim que deseja ver o mundo? Se não, você deverá revisar suas escolhas e descobrir o que precisa ser corrigido, para viver plenamente o potencial que tem no seu íntimo.

Acredito que você também possa encontrar a sua verdadeira paixão, o seu talento, o seu lugar na orquestra da vida. A paixão e o talento estão menos ligados à educação do que às escolhas. Você tem toda a liberdade para escolher o modo como será visto no ambiente de trabalho e nas atividades diárias. Pergunte a si mesmo: *O que me faz sentir mais entusiasmado? O que me faz sentir que estou amadurecendo como ser humano? Para onde quero que minha vida se dirija?*

Ative sua Bondade

No seu cotidiano, você se depara com oportunidades maravilhosas de descobrir modos de desenvolver plenamente suas paixões e talentos. Quando encontra um caminho que ama, pode viver, estudar e trabalhar com enorme senso de realização; é algo pelo qual vale se esforçar. E acredito que fazer o bem é um meio de dar mais valor a todos os aspectos da vida, um meio que pode guiá-lo em direção a objetivos grandiosos. Quando você decide sistematicamente pensar o bem, falar o bem e fazer o bem, todos os aspectos do seu dia a dia melhoram. Acredite!

Pessoalmente, no meu cotidiano, fui capaz de integrar a prática do bem à minha vida doméstica e a todos os meus projetos empresariais e filantrópicos. Gosto de poder inspirar os outros no desempenho dessas atividades e de dar um modelo à sociedade de como a iniciativa de praticar o bem pode fazer uma enorme diferença no mundo.

Muitas pessoas decidem começar a agir de maneira positiva. Uma história que adorei foi a de Keren, que era funcionária de uma empresa de alta tecnologia. Sua jornada de trabalho era longa, e durante a semana ela se dedicava integralmente ao trabalho.

Mas, nos fins de semana, Keren se voltava para o seu projeto especial: design de bolos.

"Desde pequena, sempre adorei fazer doces", disse ela. "Mas, nos últimos anos, percebi que estava fazendo mais bolos do que minha família e amigos podiam comer. Todo mundo dizia que eu deveria comercializá-los (meus bolos mais pareciam obras de arte), mas nunca tive essa intenção. Do meu ponto de vista, eram feitos com amor, e não se pode comprar ou vender amor."

Finalmente, Keren entrou em contato com uma fundação que atende crianças com necessidades especiais e se ofereceu para fazer um bolo de aniversário especial para cada uma delas – um bolo de sonhos.

"Quando eu visitava a fundação, perguntava a cada criança qual era o bolo dos seus sonhos. Chocolate? Morango? Baunilha? Elas queriam um bolo no formato de uma fada ou de uma bola de futebol? De que cor? De que tamanho? Então, eu fazia exatamente o bolo que elas haviam descrito. Desse modo, cada criança tinha a oportunidade de realizar uma fantasia e se sentir única e especial. As crianças adoravam, e sinto que finalmente descobri o que fazer com a minha paixão."

Está vendo como fazer o bem pode ser muito mais do que apenas um hobby ou uma atividade anual? Quanto mais você pratica diariamente, mais se torna um estilo de vida. Sei que isso acontece, pois ouço milhares de histórias como essa de pessoas em todo o mundo.

A bondade transforma o ser humano, e, quando é irradiada para todos com quem se convive, desfruta-se de uma vida mais harmoniosa. Em seguida, expandiremos ainda mais esse princípio – pensar o bem, falar o bem e fazer o bem –, mostrando a você como fazer a sua bondade se estender à comunidade e ao país em que vive.

◊   ◊   ◊

CAPÍTULO 5

Fazer o Bem à Comunidade e ao País

Uma das grandes lições que tive na vida foi sobre a comunidade e o país, algo que aprendi graças ao modo como fui criada. Sendo cidadã norte-americana e israelense, muitas vezes eu me senti como se não pertencesse a nenhum dos dois países. Mas, apesar disso, cresci com os valores morais de que, onde quer que se viva e trabalhe, é importante retribuir à comunidade e compreender que se é parte fundamental dela. Todos podem fazer alguma coisa, grande ou pequena. Depende de cada um realizar o que estiver ao seu alcance. Isso foi infundido em mim desde a mais tenra infância, e eu jamais me esqueci.

Não importa qual seja o tamanho da sua comunidade. Você pode fazer parte de uma tribo, um clã ou um povoado;

pode ter nascido numa cidade pequena, numa metrópole ou numa ilha distante, cercada pelo vasto mar. Seja qual for o tamanho e o formato da comunidade que você chama de lar, deve assumir a responsabilidade pessoal de apoiar o local onde vive e trabalha.

É por isso que, em todas as nossas empresas, a Arison Investments tem o compromisso de agregar valor extra às pessoas e à sociedade, esforçando-se para fazer uma grande diferença em todos os países onde possui operações e investimentos. Sempre avaliamos os projetos de uma perspectiva social, econômica e ambiental, adotando práticas baseadas em valores em tudo que fazemos.

Temos o mesmo compromisso, com as atividades filantrópicas, de fazer a diferença em nossas comunidades e país. Décadas atrás, criei uma fundação familiar para meu pai em Miami a fim de facilitar as doações, e, quando me mudei, criei uma organização semelhante, a Ted Arison Family Foundation (TAFF), sediada em Israel. Ouvindo as necessidades da comunidade, é através da TAFF que investimos em projetos sociais importantes em Israel nas áreas da educação, saúde, deficiências físicas e mentais, cultura, artes e esportes. Além disso, a TAFF tem o profundo compromisso de apoiar a juventude e levar assistência a populações vitimadas por guerras e calamidades.

Através da TAFF, também criamos diversos empreendimentos visionários, como a Matan (A sua Maneira de Doar), cujo modelo foi a United Way. Ao estabelecer a Matan, desempenhamos um papel catalisador na prática da doação corporativa, encorajando empresas e funcionários a doar para atender às necessidades de suas comunidades,

Ative sua Bondade

criando, desse modo, uma cultura da doação que, até então, não existia em Israel.

Outro empreendimento é a Essence of Life, já mencionada na página 13. Ela nasceu da minha visão de que, para alcançar a paz mundial, é necessário que primeiro cada um de nós alcance a paz dentro de si. A organização Essence of Life planta as sementes da consciência e oferece ferramentas para que se obtenha a paz interior, através de um approach amplo e holístico.

As Sementes das Boas Ações

Através da nossa fundação familiar, adotamos uma organização maravilhosa, chamada Ruach Tova (Espírito Bom), que conecta indivíduos interessados em colaborar com organizações que necessitem de voluntários. Os cidadãos israelenses são encorajados a fazer trabalho voluntário, assim como os visitantes estrangeiros que desejem participar do trabalho da comunidade durante sua estada em Israel.

Foi através da Ruach Tova que o Dia das Boas Ações em Israel foi organizado e cresceu tanto em popularidade que se tornou o Dia Internacional das Boas Ações. Com o sucesso do empreendimento, vislumbrei a oportunidade de criar a Goodnet, um hub inovador na internet, sobre o qual falarei mais adiante.

Vejo inúmeras boas ações sendo realizadas em Israel, e, quando viajo, sei que há muitas pessoas bondosas neste mundo que realmente se importam. Por exemplo, em uma viagem recente a Nova York, vi cartazes solicitando voluntários para ajudar a remover o lixo no Central Park.

Fazer esse tipo de coisa não custa dinheiro; requer apenas a vontade de fazer o bem.

Há muitas razões para se fazer o bem, mas, às vezes, as pessoas apenas dão de ombros e dizem: "Que diferença eu poderia fazer? Sou só um cidadão comum." Mas isso não é verdade – um ser humano pode, sim, fazer muita diferença.

Talvez você já tenha ouvido a conhecida história da estrela-do-mar, que acredito ter sido inspirada nos escritos de Loren Eiseley. Parece que, certa manhã, bem cedinho, um idoso passeava pela praia, quando viu um jovem mais adiante. Ao se aproximar, reparou que o rapaz se abaixava repetidas vezes para pegar estrelas-do-mar, uma de cada vez, e as jogava cuidadosamente na água.

Ele perguntou ao jovem: "Por que está fazendo isso?" O jovem explicou que o sol estava esquentando e a maré baixando; se não atirasse as estrelas-do-mar de volta, elas morreriam. O idoso foi rápido ao observar: "Mas você não percebe que a praia tem quilômetros de comprimento e que há milhares delas por toda a orla? Seu esforço não faz a menor diferença!" O jovem ouviu educadamente, e então se abaixou para pegar mais uma e a devolveu às ondas, dizendo: "Bem, fez diferença para essa!"

Você também pode fazer a diferença. Há mil maneiras de doar à sua comunidade e à sua cidade; eu o encorajo a escolher algo que goste de fazer. Veja do que sua comunidade precisa e faça acontecer. É possível trabalhar como voluntário ou efetuar uma doação. Mesmo que não esteja interessado em se tornar voluntário, ou se não dispõe de dinheiro sobrando para doar a uma causa, ainda há muitas maneiras de fazer o bem por iniciativa própria, como recolher o lixo na praia, manter a porta aberta para a pessoa

Ative sua Bondade

que vem logo atrás de você ou oferecer o seu lugar a alguém no transporte público.

Tocar a Vida dos Outros

Quando penso em fazer o bem a comunidades e países, fico fascinada todos os anos com a criatividade que as pessoas demonstram ao encontrar mil maneiras de praticar o bem. Muitas iniciativas no nosso país e em outros lugares do mundo atravessaram fronteiras culturais, e isso é extremamente empolgante para mim.

Uma experiência comovente que eu jamais esquecerei foi a visão dos rostos de um grupo de idosos sobreviventes do Holocausto ao ouvirem as primeiras notas de um concerto realizado especialmente para eles. Uma extraordinária fusão de culturas se reuniu: um coro formado por moradores dos territórios ocupados, acompanhado pela orquestra e o regente, havia atravessado a fronteira e chegado a Israel a fim de se apresentar para os sobreviventes. O nível de emoção e positividade que tomou conta da plateia foi incrível. A imprensa internacional que estava presente não pôde conter seus sentimentos; todos ficaram profundamente comovidos com tamanha demonstração de afeto e bondade.

Em outra comunidade, crianças árabes e judias trabalharam juntas para embelezar o meio ambiente. Alunos de duas escolas colaboraram para criar uma obra de arte aberta, pintando o longo muro que separava seus bairros. O grupo decorou o muro com slogans pela paz, escritos em hebraico e em árabe. Corações se aproximaram, amizades se formaram, e infundiu-se a noção de que nenhum muro pode separar aqueles que estão unidos pela prática do bem.

Mais uma lembrança vívida que guardo é a do olhar de uma mulher, quando caminhamos de mãos dadas para ver um projeto do Dia das Boas Ações em Jerusalém.

"Ninguém jamais prestou a menor atenção em nós, ninguém sequer vem até aqui", disse-me com sinceridade. "É a primeira vez que alguém se importa conosco. Olhe bem para o que está acontecendo hoje aqui!", exclamou, apontando para um amplo grupo de pessoas que limpava e revitalizava o bairro em ruínas. "Estamos todos trabalhando juntos: vizinhos, soldados e voluntários de organizações de jovens. Não foram a pintura nem as ferramentas trazidas por eles que permitiram que tudo isso acontecesse, foi o seu cativante espírito de bondade.

Naturalmente, não é apenas nesse dia, e nem apenas em um país; sabemos que atos de bondade pessoais e coletivos acontecem o tempo todo, no mundo inteiro. Todos os dias em nossas comunidades, enquanto vivemos o cotidiano, vemos pessoas realizando atos de bondade. Por que será, então, que, quando assistimos ao noticiário, não vislumbramos qualquer reflexo dessa compaixão e dessa bondade?

Na verdade, na maioria das vezes é o oposto... e é para onde a nossa história irá em seguida: exploraremos diversos modos como o mundo reflete nossas ações, e o que podemos fazer para que a bondade se manifeste.

◊   ◊   ◊

CAPÍTULO 6

Reflexos da Prática do Bem

Quando ligamos a tevê para assistir ao noticiário ou abrimos o jornal, na maioria das vezes somos bombardeados por más notícias – relatos de guerras, caos, violência, desastres e vários outros tipos de situações devastadoras. Acredito que muitos de nós sofremos um impacto pessoal profundo pelo que vemos refletido pela mídia; é fácil entender como as pessoas podem se tornar inseguras e deprimidas.

Sempre achei que os noticiários deveriam mostrar a vida real, a sociedade real. Mas será que, de fato, fazem isso? Os noticiários nos mostram muitas coisas ruins, mas será que tudo no mundo é tão mau assim? Não, é claro que não! Todos os dias conhecemos pessoas prestativas e bondosas, que aparecem para nos ajudar quando precisamos; interagimos com profissionais, como médicos, enfermeiros e bombeiros, que estão lá para ajudar os cidadãos e a sociedade – todos os dias, sem exceção. O mundo decididamente não é tão sombrio e sem esperança como a mídia parece querer que acreditemos.

Um grande desafio é o fato de que muitos profissionais da imprensa têm uma predileção pelas manchetes negativas e pelo sensacionalismo quando noticiam os fatos que estão acontecendo no mundo. Concordo que o conteúdo poderia ser melhor, mas não podemos simplesmente culpar os jornalistas, os editores ou as próprias emissoras; eles estão apenas mostrando aquilo que acreditam que terá maior audiência ou vendagem. Somos nós que lemos, assistimos e escutamos as notícias; e, como pais, muitas vezes continuamos permitindo que nossos filhos assistam a certos programas, mesmo quando questionamos seus valores.

Todo o problema se resume a uma questão de responsabilidade mútua: a mídia é tão responsável quanto nós por melhorar a situação e elevar o nível qualitativo do que é escrito no jornal, noticiado no rádio, exibido na tevê ou publicado na internet. Em vez de culparmos e nos queixarmos, depende de nós exigir um padrão mais elevado de conteúdo e programação, se não quisermos continuar a nos sentir intimidados, tristes e até mesmo deprimidos.

Pessoalmente, tomei a decisão consciente, há anos, de parar de ler os jornais e assistir aos noticiários, porque é algo devastador para mim. Sentia que isso estava me deprimindo e esgotando minha energia. Enquanto lia jornais e assistia a noticiários todos os dias, com todo aquele caos e dramaticidade, eu me percebia incapaz de criar o mundo em que prefiro viver.

Ative sua Bondade

Naturalmente, como sou uma empresária, recebo um boletim diário do que está acontecendo, mas escrito em um tom factual. Por esse motivo, sei o que os mercados estão fazendo e o que acontece no mundo, mas são apenas as manchetes e os fatos, sem todo o sensacionalismo.

Em Busca de uma Mídia Mais Otimista

Assim que consegui chegar a uma ideia clara, perguntei-me como poderia começar a ajudar a criar, de maneira construtiva, um mundo melhor no que diz respeito à cobertura jornalística. O que eu queria fazer era tentar mostrar aos profissionais da mídia como eles podem refletir e criar um mundo melhor através de reportagens, desenvolvendo conteúdo para jornais, emissoras de rádio e televisão, e sites de notícias que sejam mais otimistas e animadoras do que estamos acostumados a ver.

Como entendo que a mídia é uma força poderosa na promoção de mudanças, e queria, antes, encontrar um modo de ajudar os jornalistas a noticiarem de uma maneira mais positiva ou, pelo menos, mais equilibrada, decidi fundar o Shari Arison Awareness Communication Center [Centro Shari Arison para a Consciência na Comunicação], no Centro Interdisciplinar (IDC), em Hertzliya.

No seu currículo, os alunos aprendem todos os fundamentos do trabalho na imprensa escrita, no rádio, na televisão e na internet; mas nós no Centro queríamos dar a eles algo mais para ajudá-los em suas carreiras e suas vidas. Por isso, nós lhes damos a consciência e as ferramentas de que precisarão para criar programas que reflitam melhor o mundo positivo que todos gostaríamos de ver.

O Awareness Communication Center também se estende a jornalistas e articulistas, para promover o conceito de que a mídia tem o poder de criar o seu próprio futuro. Perguntamos a alunos e profissionais como eles querem que seja o nosso futuro coletivo e como podem ajudar a criá-lo. Os alunos também decidiram chamar profissionais da área para se tornarem juízes e mentores dos seus projetos, assim envolvendo todos no desafio de criar tipos de reportagem e programação mais interessantes e intelectualmente desafiadores.

Todos os anos, os alunos desenvolvem projetos baseados em um tema novo, diferente. Alguns escolhem incentivar o público a se envolver, através da internet, enviando vídeos. Houve um ano em que "Sustentabilidade" foi o tema escolhido e se chamou *Eco Clip*, no qual se produziram vários vídeos destacando modos sustentáveis de lidar com o meio ambiente. O envolvimento com os alunos e o público foi intenso, milhares de pessoas mandaram ideias e vídeos.

Em 2013, muitos projetos inspiradores foram produzidos no Centro com o tema "Unicidade", e o objetivo foi mostrar, de maneiras criativas, como estamos todos conectados. Foi maravilhoso assistir às apresentações dos alunos, e um dos meus favoritos se chamou *Gigglers.tv* [algo como *Tevê Gargalhadas*].

Os alunos que criaram o *Gigglers.tv* montaram-no como um canal online que exibe centenas de vídeos de pessoas rindo em várias partes do mundo. Para começar, os alunos procuraram os vídeos mais engraçados na web

Ative sua Bondade

e editaram as risadas mais divertidas em clipes curtos de dez segundos. A plataforma encoraja os usuários a postarem seus próprios vídeos de pessoas gargalhando e compartilharem risadas com amigos.

A intenção do *Gigglers.tv* foi mostrar como o riso é um idioma universal, que atravessa todas as fronteiras, e reforçar o fato comprovado de que rir tem efeitos terapêuticos sobre a mente e o corpo. O lema desse grupo é "espalhar o riso e fazer do mundo um lugar melhor".

Outra produção fabulosa dos alunos no Centro teve por tema um vaso sanitário. O vídeo foi feito de forma criativa e teatral para mostrar que, embora só uma pessoa participe desse ato simples, privado e diário, na verdade é preciso uma legião de pessoas para criar todos os elementos necessários à construção do banheiro, à instalação do encanamento e à manutenção do sistema hidráulico. Embora possa parecer um ato pessoal, a ideia era mostrar como muitas pessoas no mundo estiveram envolvidas na fabricação do reboco, dos azulejos, do vaso e do papel higiênico, e quantas outras participaram da fabricação e da instalação dos canos e da tubulação, e como mais pessoas ainda estão sempre trabalhando no sistema de esgoto e na estação de tratamento de águas.

Ninguém chega a pensar em todas essas interconexões relacionadas ao simples ato de usar o vaso, por isso achei que a pesquisa feita pelos alunos foi simplesmente fascinante. O vídeo mostra claramente como estamos todos conectados por meio das mais triviais atividades diárias.

Encontrar uma Perspectiva Equilibrada

Nosso maior objetivo no Centro é encorajar uma mudança na mídia, no sentido de apresentar uma visão de mundo mais equilibrada. Gostaríamos que todos vissem os noticiários sob um prisma favorável, uma ideia que sei que parece meio louca. E não estou apenas me referindo a "histórias de boas notícias", geralmente sobre algum caso comovente que vemos nos dois últimos minutos de um noticiário normal, para eles poderem dizer que o encerraram com otimismo. Não, eu me refiro a olhar para todas as notícias e acontecimentos no mundo de um modo que ajude as pessoas a entenderem como as soluções podem ser encontradas. Queremos ilustrar como é possível criar o futuro que desejamos ver coletivamente: um futuro positivo para todos nós.

Demorou alguns anos, mas agora estamos vendo que os jornalistas que têm interagido conosco no Centro estão começando a deixar o cinismo de lado para abraçar um novo estilo de reportagem inspirador e otimista, de uma forma mais coletiva e positiva.

Não se trata de uma visão simplista dos fatos. Não estou dizendo que tenhamos de ver a guerra com bons olhos. Sabemos muito bem que não seria possível. Mas, que tal considerarmos a realidade da guerra, do que ela causa a um país e a um povo, e usarmos esse conhecimento para fazer com que cada um de nós pense e se pergunte sinceramente: *É isso que eu quero ver no meu mundo – toda essa destruição e violência?* Se a resposta for não, teremos de cavar fundo dentro de nós mesmos, compreender nosso conflito interior e como ele se reflete no meio ambiente,

Ative sua Bondade

para descobrirmos que ações poderemos empreender individual e coletivamente para criar uma realidade melhor.

Às vezes, não é nem mesmo o conflito em si, mas o medo que sentimos quando ouvimos falar em um conflito que está prestes a estourar – como dizer aos espectadores, uma vez atrás da outra, que as tensões estão crescendo nesse ou naquele país, que as ameaças estão aumentando, ou que os índices de violência estão muito piores do que no ano anterior. E nós, como população, começamos a nos preocupar cada vez mais, a nos obcecar com as histórias e a nos consumir com ideias de violência iminente, porque é só o que vemos nos noticiários. Não estou dizendo que se devam ignorar as guerras e a violência, mas que se tente descobrir um modo de enquadrar essas situações numa discussão mais positiva, com soluções mais positivas.

Em última análise, graças aos nossos esforços no Awareness Communication Center, estamos ajudando mais profissionais da mídia a compreenderem que há, sim, um outro caminho. Estamos apenas lhes pedindo que considerem a possibilidade de não escrever tanto "contra", e sim "a favor" dos fatos que são realmente importantes, que compreendam que temos o poder coletivo de criar o que queremos ver no mundo.

Inspirar os Outros do seu Próprio Jeito

Muitas histórias inspiradoras chegaram ao meu conhecimento. Quando encorajamos as pessoas a compartilharem suas maneiras pessoais de fazer o bem pelo bem maior, recebemos a seguinte história de um empresário chamado

Ron, que usou o poder de fazer o bem para promover a mudança que queria ver.

Ron tem um ônibus pra lá de especial, e, quando para no estacionamento da única escola de sua cidade natal, as crianças o cercam com gritos de alegria, quase como se fosse uma carrocinha de sorvete. Seu ônibus não tem bancos nem casquinhas de chocolate ou baunilha – e sim um sofisticado laboratório de ciências, novinho em folha.

"Essa era a minha escola", explica Ron, indicando-a com um gesto. "Não tínhamos computadores ou aulas práticas de ciências, porque nunca havia dinheiro para montar um laboratório ou comprar equipamentos de informática."

Ron se interessou por computadores quando ainda era muito jovem. Como sua escola não podia fornecer equipamentos para o aprendizado, ele ia três vezes por semana à cidade grande mais próxima, tomando dois ônibus, ida e volta, para poder estudar informática e matemática em um programa comunitário oferecido por uma universidade.

"Minha mãe me criou sozinha, trabalhando em dois empregos, mas sempre priorizou a educação na nossa casa. Nos aniversários e datas comemorativas, eu nunca recebia de presente uma bicicleta ou roupas novas, e sim livros", relembra Ron.

Ron se revelou um aluno superdotado. Quando estava na casa dos 30, já se tornara um empresário extremamente empreendedor e bem-sucedido.

"Para minha grande felicidade, agora tenho tempo e dinheiro para poder retribuir à comunidade onde cresci. Comprei esse ônibus velho, transformei-o em um laboratório móvel, e agora, uma vez por mês, me afasto do trabalho

Ative sua Bondade

por um breve período e trago vários professores que também estão doando seu tempo e conhecimento. Chegamos à cidade e passamos três dias com as crianças. É tão gratificante vê-las se abrirem para as oportunidades maravilhosas que a ciência oferece", continua ele, num tom entusiasmado. "Digo a cada uma delas que, se forem persistentes e se empenharem, terei o maior prazer em lhes oferecer, no futuro, um emprego na minha empresa."

À noite, depois de arrumar o interior do ônibus ao fim de mais um dia cheio, Ron vai ficar com a mãe, que ainda mora na mesma casa onde ele cresceu.

"Ela ainda é a maior incentivadora do programa, mas talvez seja porque ele lhe dá uma chance de me mimar durante três dias seguidos, todos os meses", conta Ron, sorrindo. E acrescenta, com orgulho: "Dediquei esse laboratório a ela. No ônibus estão escritas as palavras *Laboratório Móvel Sarah Cohen*. Eu nunca poderia ter chegado aonde estou hoje sem o apoio de minha mãe."

Ron cresceu em um lar modesto, mas aproveitou ao máximo cada oportunidade. Ele não protestava nas ruas sobre a falta de verba da escola para ciências, nem se queixava amargamente de que o governo deveria "fazer alguma coisa" sobre a situação. Em vez disso, Ron se perguntou: *O que posso fazer por mim mesmo numa cidade pequena? Como posso inspirar as pessoas a escolherem a ciência como profissão?* Reuniu recursos próprios e reservou tempo da sua própria vida para inspirar de uma maneira divertida e empolgante as crianças, que, de outro modo, talvez não tivessem a oportunidade de fazer experiências práticas em um laboratório.

Tenho absoluta certeza de que histórias positivas como a de Ron acontecem com frequência nas comunidades em toda parte, e as pessoas contribuem como podem para fazer do mundo um lugar melhor. No entanto, a mídia nem sempre nos mostra a imagem completa do nosso fantástico mundo. Da próxima vez, quando a sua comunidade ou país estiver atravessando uma fase conturbada, tente trocar os pensamentos de medo e de protesto por uma solução criativa que desafie as normas estabelecidas.

Quando você pensar o bem, falar o bem e fizer o bem, a sua bondade se irradiará do mesmo modo como a de Ron e produzirá uma mudança que provavelmente será mais extraordinária do que você pode imaginar. Só é preciso um pequeno gesto para mudar o mundo.

◊   ◊   ◊

CAPÍTULO 7

Fazer o Bem pela Humanidade

Às vezes, parece que estamos todos em guerra uns com os outros, mas quer saber de uma coisa? Se a Terra fosse invadida de repente por outro planeta, minha previsão é de que descobriríamos muito depressa que somos unidos como espécie. As fronteiras geográficas, as disputas de poder entre as nações, as tensões entre as raças... tudo empalideceria diante do inimigo comum, e nós o enfrentaríamos juntos.

Espero sinceramente que não precisemos de uma situação tão catastrófica para que todos se deem conta de nossa unicidade estrutural. É verdade. Há muito acredito que estamos todos conectados – cada ser vivo na Terra, neste momento, está interconectado. Somos um só. Não estou sozinha nessa crença; muitos filósofos, humanistas e líderes em todas as épocas também acreditaram nesse conceito.

Espero que minhas palavras estejam ajudando você a sentir isso também – essa conexão que permeia toda a humanidade. Ao longo deste livro, venho descrevendo os muitos modos como estamos conectados, e como a bondade se irradia de cada um de nós quando a ativamos. Mas, ainda assim, é claro, há também escuridão no mundo, e isso se torna algo difícil de aceitar e de saber como enfrentar – mas eis como vejo o problema.

Creio que toda essa energia no mundo chegará ao ponto da virada, e compreendo que ela poderá ser canalizada para direções opostas. Há uma energia positiva e uma negativa, e as pessoas dirão que isso é óbvio: sempre haverá uma luta entre o bem e o mal, e ela jamais tenderá totalmente para uma direção. Mas acredito que podemos impulsionar a virada para a direção que quisermos, e que ela pode ser impulsionada tão mais depressa na direção do bem se continuarmos criando uma massa crítica de pessoas que façam o bem, escolham o bem e pensem o bem. Assim que isso acontecer, veremos, quando menos esperarmos, um mundo diferente.

O desafio consiste no fato de que temos de nos esforçar muito para dar prioridade aos bons pensamentos e ações, porque a bondade é, por natureza, mais sutil, suave e discreta do que a maldade, que é muito mais explícita, com toda a sua dramaticidade e poder.

Levar a Mensagem às Massas

Para garantir um futuro que seja bom para nós e para toda a humanidade, precisamos de uma massa crítica de

Ative sua Bondade

pessoas fazendo o bem. Mesmo depois do primeiro evento do Dia das Boas Ações, percebi que estávamos indo na direção certa. Pude ver o sucesso crescer a cada ano, com um número crescente de pessoas aparecendo para fazer o bem.

Para aproveitar essas forças e o poder da internet, nós na Arison decidimos desenvolver e lançar o website Goodnet.org. O Goodnet foi concebido para ser um Portal da Prática do Bem – o primeiro e único do seu tipo. Ele inspira e oferece ferramentas aos usuários para que tomem iniciativas independentes, a qualquer hora, em qualquer lugar e em qualquer campo de interesse. O site conecta todas as pessoas e organizações que estão fazendo o bem, a fim de agilizar a criação de uma massa crítica.

Ao planejar e desenvolver o Goodnet, nossa equipe reconheceu dois fatos principais. O primeiro é que há muitas pessoas no mundo que compartilham o desejo de fazer o bem. O segundo é que há um número altíssimo de organizações e iniciativas que fazem um bom trabalho o ano inteiro, e que estão procurando membros e participantes. Parecia haver um interesse em compartilhar, discutir e trocar ideias sobre a prática do bem; por isso, desejávamos oferecer um canal para esse tipo de intercâmbio.

O site valoriza a colaboração, em vez da competição – por isso, no Good Directory [Diretório do Bem] há espaço para todos os tipos de organizações, websites de empreendedorismo social e aplicativos em uma variedade de categorias: trabalho voluntário e arrecadação de fundos, nutrição, direitos humanos, e muito mais. Há espaço para todos colaborarem.

Agora temos mais de 500 organizações no Diretório do Bem, e há um grande entusiasmo no sentido de unir forças para intensificar a prática do bem e aumentar o número daqueles que o praticam. A mensagem básica é: fazer o bem é fácil, e fazer o bem em grupo promove mudanças positivas.

Em pouquíssimo tempo, organizações e indivíduos começaram a se registrar para ativarem sua bondade.

Agora é sua vez! Antes de virar esta página, acesse www.goodnet.org, e ative sua bondade. É fácil, rápido e poderoso. Com um simples clique, você está acrescentando sua voz e seus esforços à causa do bem no mundo. Você já está conectado a todas as pessoas pelo simples fato de pertencer à espécie humana. Você já está realizando atos de bondade!

Ao se unir à Goodnet, você mostrará que está conectado e comprometido com um mundo repleto de bondade universal. Você encontrará histórias inspiradoras e vídeos sobre uma infinidade de boas ações. A massa crítica está crescendo de minuto a minuto – talvez a sua bondade seja o catalisador que nos levará ao ponto da virada! Quem sabe?

No Goodnet, você encontrará uma vasta gama de conteúdos que são atualizados diariamente. São histórias curtas sobre organizações, produtos, websites e aplicativos, todos eles sobre a prática do bem em três círculos: *eu*, *as pessoas* e *o planeta*. Portanto, sempre que quiser encontrar organizações que se alinhem com suas próprias crenças e valores, considere o Diretório do Bem. Se está procurando atividades fáceis de realizar, fornecemos uma newsletter bissemanal chamada *Ative sua Bondade*.

Também oferecemos a Good TV, que é uma série de vídeos motivacionais para que você se inspire e receba

Ative sua Bondade

boas vibrações. As postagens dos vídeos são colhidas na web e muitas vezes sugeridas pelos leitores (indivíduos e organizações). O Goodnet ajuda a promover o Good Conversation [Papo do Bem], para que os visitantes possam participar de conversas sobre assuntos relacionados à prática do bem, tanto no website como nas redes sociais.

Criar Nosso Futuro Coletivo

Fazendo parte do coletivo, eu acredito que podemos encontrar modos de trabalhar juntos para resolver muitos dos problemas que a humanidade enfrenta. Quando cada um de nós assume a sua responsabilidade pessoal, somos capazes de criar o futuro coletivo que todos desejamos. Sites como o Goodnet e livros como este ajudam a lhe mostrar como somos semelhantes uns aos outros neste mundo.

Todos nós queremos nos sentir felizes e em paz; todos nós queremos nos sentir realizados em nossa vida cotidiana. Queremos saúde, prosperidade e um meio ambiente seguro para nossa família. No fundo, todos nós queremos essas mesmas coisas. São desejos humanos universais, independentemente do histórico ou do local onde cada um de nós vive.

Nossa necessidade de nos sentirmos realizados e conectados é poderosa. Já vi e ouvi diversas histórias de pessoas que foram ao encontro de outras através de boas ações e acabaram experimentando um profundo senso de realização e conexão. Uma dessas pessoas é Elinor, que compartilhou seu exemplo pessoal de prática do bem; sua história foi uma das mais incríveis que ouvimos na Arison, graças ao Dia das Boas Ações.

Elinor saiu de sua zona de conforto para se unir a outras pessoas ao compartilhar um dom universal – o dom da música. Ao fazê-lo, ela não apenas sentiu o bem se propagar para além de si mesma, o que lhe deu um novo senso de conexão com os membros de sua comunidade, como também sentiu a propagação voltar para ela sob a forma de maior autoestima, confiança e felicidade.

A história de Elinor começa com sua descrição de como é ser extremamente tímida.

"Eu tinha um medo terrível de plateias", diz ela com franqueza. "Mesmo no meu próprio casamento, eu estava ansiosíssima. Não queria sair da multidão e ficar na frente dos convidados que tinham vindo comemorar aquele dia feliz comigo, e olhe que eram meus amigos e parentes mais próximos. Sempre desejei cantar, mas, como não é possível subir num palco usando uma máscara, eu sabia que isso também seria impossível."

No entanto, a oportunidade de se libertar surgiu por acaso em um baile à fantasia a que ela compareceu.

"Eles tinham um aparelho de karaokê, mas eu estava quieta num canto; minha vergonha era tanta que eu chegava a ficar apavorada, embora louca de vontade de cantar. De repente, eu me dei conta de que ninguém poderia me reconhecer, já que eu estava usando uma máscara!" Podendo se esconder atrás da fantasia, Elinor se levantou para cantar e recebeu uma calorosa salva de palmas ao fim da apresentação. "Mas eu sabia que era um episódio isolado; afinal, não podia sair por aí o tempo todo com uma máscara, como o Fantasma da Ópera."

Ative sua Bondade

Quando ela contou a uma amiga o que acontecera e o quanto adoraria poder cantar novamente em público, a amiga respondeu: "Sei exatamente onde você pode cantar." Então, falou a Elinor sobre um clube para deficientes visuais, e ela gostou da ideia de se apresentar para eles. Escolheu a dedo as canções, ensaiou durante dias e, uma semana depois, foi com a amiga até o clube.

Elinor suspira ao relembrar o longo caminho que percorreu desde aquele dia.

"Já me apresentei para muitas pessoas desde então, mas aquela foi e sempre será a apresentação mais emocionante da minha vida. O carinho que recebi da plateia foi incrível, e me libertou da timidez e do medo que sempre me aprisionaram."

Depois dessa apresentação, Elinor começou a aparecer regularmente naquele clube e em muitos outros. Por fazer o bem, ela agora irradia uma confiante serenidade, levantando-se toda hora para cantar em um clube da terceira idade local e enchendo sua vida de felicidade e alegria. Sua voz forte se espalha pelo auditório, e as letras das antigas canções de amor que interpreta fluem dela com tanta ternura que lágrimas brotam nos olhos dos ouvintes.

"Talvez alguns deles não possam me ver com os olhos, mas me veem com o coração, e isso foi tudo que sempre desejei."

Concentrar-se no Bem Coletivo

Nossa conexão com a raça humana sempre está presente, mas às vezes é preciso um ato consciente para que a sintamos e percebamos o seu tremendo poder. Quando concentramos nossa energia em melhorar o mundo através da bondade, desfrutamos de muitos benefícios.

Às vezes, quando penso na humanidade, vejo que ela é muito semelhante ao corpo humano. O corpo é composto por uma infinidade de órgãos, sistemas e partes: cada um deles é individual, mas tem seu próprio papel crucial no sustento da vida e da saúde em geral. E é assim no mundo, quando pensamos na humanidade: temos muitos povos, que falam línguas diferentes, desfrutam de culturas diferentes e vivem em países diferentes. Todas as partes da humanidade têm papéis singulares, que cada pessoa, comunidade e país desempenha; mas, no fim, somos todos uma única espécie, assim como nosso corpo é um único corpo.

Mas o que acontece quando uma parte do corpo ataca a outra? Nasce um câncer, ou alguma doença catastrófica. É isso que a violência está causando na humanidade – um câncer. A violência e os conflitos, não importa de que natureza sejam, fazem com que a humanidade inteira adoeça, e essa doença pode se tornar fatal, se não encontrarmos uma solução para ela.

No entanto, quando nos concentramos no bem coletivo e não na destruição ou no confronto, trazemos uma energia de cura para a raça humana. Cada vez mais, estamos vendo essa verdade agir nas nossas vidas, vendo esse tema ser abordado em livros, filmes e na internet. Acabei de assistir a um filme no YouTube chamado *I AM* [EU SOU], com poderosas imagens de como estamos conectados e como pequenos atos podem, de fato, mudar as

Ative sua Bondade

coisas; ilustra o efeito de propagação em movimento no mundo.

Para onde quer que você olhe, verá que as massas estão começando a falar. Isso é ótimo, mas tenha a consciência de que só favorece a bondade se você estiver falando com uma mensagem e realizando ações que produzam uma mudança positiva. Eu me preocupo com o fato de muitos estarem se manifestando por meio do protesto, da raiva e da violência; eles podem pensar que estão tentando mudar o mundo para melhor, mas qualquer tipo de protesto não pacífico, contra qualquer coisa, mesmo que seja por uma boa causa, ainda é um conflito.

Portanto, eu o encorajo a sair e falar sobre aquilo de que é "a favor", e não "contra". Que soluções positivas você é capaz de encontrar para criar o mundo em que prefere viver? Lembre-se, somos todos um.

Reconheço que essa é uma mudança e tanto, e, como tal, pode ser difícil de realizar, mas vale a pena. Durante anos, nas minhas empresas e equipes administrativas, cansei de ouvir as pessoas explicarem por que algo não podia ser feito. E eu as desafiei a pensarem no assunto e a adotarem uma nova perspectiva, para depois voltarem e me contarem como haviam chegado a ela. Finalmente, a mudança aconteceu, e soluções criativas e ideias positivas começaram a se tornar a norma; e foi então que uma verdadeira transformação organizacional começou a acontecer.

Portanto, o desafio que lhe faço é o de pôr esse conceito em prática na sua vida. Todos nós devemos assumir nossa responsabilidade pessoal por criar novas ideias e soluções para os problemas que enfrentamos hoje.

Soluções coletivas e positivas nos levarão a um futuro coletivo e positivo. Esse é o presente que damos a nós mesmos e ao mundo quando escolhemos a bondade e tomamos a iniciativa de praticá-la. O poder do bem se estende da humanidade ao planeta e ao meio ambiente, que são as duas formas de propagação que exploraremos em seguida.

◊   ◊   ◊

CAPÍTULO 8

Fazer o Bem ao Planeta

Quando pensei pela primeira vez a respeito de sustentabilidade no Arison Group, há mais de doze anos, tentei desenvolver uma nova visão para a Shikun & Binui (nossa empresa global de construção, imóveis e infraestrutura). Eu queria criar "Apartamentos de Luz", para que as pessoas pudessem viver em lugares com janelas amplas que lhes permitissem uma abundância de luz natural. Eu queria que esses apartamentos transmitissem uma sensação agradável, fossem cercados de verde e construídos com respeito ao meio ambiente e à harmonia com a natureza.

Mas, naquela época, minha visão estava adiante do seu tempo. Os líderes na empresa não compreenderam por que eu falava sem parar sobre construção sustentável, e estavam plenamente convencidos de que jamais daria certo. Ainda assim, eu me mantive irredutível na minha determinação, e pouco a pouco alguns membros da diretoria começaram a se render ao conceito, concordando em refletir seriamente sobre a forma como poderia funcionar.

Em seguida, aqueles entre nós que haviam desejado a mudança viram seus esforços receberem um valioso incentivo quando *Uma Verdade Inconveniente*, o filme de Al Gore, foi lançado. Sua poderosa mensagem ambiental ajudou a todos que ainda relutavam na empresa a perceberem que essa visão tinha mérito. De repente, as pessoas acordaram e compreenderam que estava na hora de agir. Foi um grande dia quando a equipe administrativa e a diretoria concordaram que deveríamos estabelecer a meta de nos tornarmos líderes no emergente campo do desenvolvimento sustentável na indústria imobiliária e de infraestrutura.

Naturalmente, esse não é o tipo de meta que se possa atingir da noite para o dia, e sempre haverá aqueles que a criticarão e só verão suas imperfeições. Esses processos levam muito tempo, mas o importante é que tivemos êxito ao embarcar nessa jornada, e está dando certo. A Shikun & Binui constrói muito mais do que apenas apartamentos – há décadas, a empresa tem construído estradas, rodovias, pontes e bairros inteiros. Hoje, é líder em projetos de infraestrutura que utilizam 100% de práticas sustentáveis. Essas práticas não apenas protegem o meio ambiente de danos, como também têm o objetivo de fazer o bem ao planeta e às pessoas, de diversas maneiras criativas e inovadoras.

Ao longo dos anos, a Arison Investments se tornou uma entidade empresarial que investe e surte impacto em todos os aspectos fundamentais da vida – finanças, imóveis, infraestrutura, água e energia –, e estamos desenvolvendo estratégias empresariais que levam em consideração

Ative sua Bondade

todos esses aspectos de modo abrangente a longo prazo: econômico, social e ambiental. Através de nossas empresas baseadas em valores, estamos perseguindo esse objetivo apaixonadamente, como uma meta de longo prazo, e oferecendo respostas a necessidades humanas universais, dos quais derivamos potencial empresarial, além de agregarmos valor à espécie humana.

Fazer Escolhas Pessoais pelo Planeta

Em nossas vidas, muitas vezes é preciso que ocorra algo grave para que comecemos a agir, e isso é particularmente verdadeiro quando pensamos na consciência ambiental. Eu mesma passei por vários acontecimentos dramáticos que acabaram abrindo meus olhos para a realidade da nossa interconexão e me levaram a ser extremamente passional em relação à ideia de que todas as nossas ações – em casa e no trabalho – precisam ser sustentáveis.

Acredito que todos no mundo mereçam respirar ar limpo, mas essa convicção se tornou ainda mais forte depois que visitei certos países no Extremo Oriente. Eu já sabia que precisávamos cuidar do ar no mundo e mantê-lo limpo, mas, quando vi pessoas sendo obrigadas a andar de máscara na rua por causa da poluição, compreendi claramente o que significa viver em um lugar onde é quase impossível respirar.

Isso foi há muitos anos, quando o nível de consciência ambiental era muito mais baixo que o atual, e acho que a maior parte do mundo não soube dar valor ao que tinha.

Quanto a mim, tenho certeza de que dei. Acreditamos que sempre teríamos ar fresco, água limpa e bastante comida saudável para nos sustentar.

Pensei durante um bom tempo que teria de trabalhar na área da higienização do ar, mas então me dei conta de que não poderia fazer tudo. Seguindo a intuição e um chamado de minha alma, decidi entrar também no campo dos recursos hídricos, compreendendo que água é vida. Também vi claramente que o mundo se concentra demais na escassez, quando seria muito melhor imaginarmos um futuro de abundância. Por esse motivo, criei uma empresa de recursos hídricos, a Miya, com a missão de preservar a água que já temos. A Miya desenvolve tecnologias práticas para que países e comunidades no mundo inteiro possam administrar sistemas hídricos com eficiência, para que não haja desperdício do precioso líquido no sistema de abastecimento.

Também fui profundamente afetada por uma visita à África, que me levou a adotar um rigoroso estilo de vida vegetariano. Foi lá que comecei a realmente entender a natureza e a respeitá-la. Vi que cada criatura é uma criatura de Deus. A vibração das cores, os amanheceres, os poentes, a liberdade, os animais – tudo isso abriu minha alma.

Mas o acontecimento mais dramático ocorreu quando saí um dia para alimentar as girafas em uma fazenda no Quênia. À noite, em um restaurante, eles serviram uma iguaria: girafa. Daquele momento em diante, nunca mais toquei em carne.

Muitos anos depois, conheci o jainismo, uma religião indiana. Em uma de suas cerimônias, vi como os fiéis caminham com uma vassoura e varrem a terra à sua frente

Ative sua Bondade

para não fazer mal a qualquer criatura viva, evitando matar sequer uma formiga. Isso tocou meu coração profundamente, e foi mais um lembrete poderoso de que somos todos filhos de Deus, grandes e pequenos.

Essas experiências moldaram minha atitude em relação à natureza, e minhas crenças emergentes se tornaram ainda mais arraigadas depois que li um livro intitulado *Mutant Message Down Under*, de Marlo Morgan, que nos fala das experiências de uma norte-americana com uma tribo de aborígenes australianos.

Essas são as razões pelas quais decidi não usar mais nada que cause sofrimento a um animal. Não compreendo como tantas pessoas não se incomodam de sentar em sofás ou usar bolsas e sapatos feitos de couro, sem se dar conta de que muitos animais tiveram de morrer para isso. Não estou dizendo que todo mundo tenha de fazer sacrifícios e abrir mão das coisas; não seria realista. Não sou perfeita, como ninguém é, mas cada um de nós pode fazer a sua parte, conforme o que lhe pareça correto.

O Toque de Cura

Não é preciso ir muito longe para ver quão profundamente conectados estamos à natureza e aos animais. Uma de minhas lembranças mais intensas do Dia das Boas Ações ilustra esse fato; aconteceu em um jardim de infância para crianças com necessidades especiais. Nós nos reunimos lá para ajudar a levar sorrisos aos pequenos que sofriam de deficiências severas, e fomos auxiliados pelos animaizinhos de um zoológico de pets.

Coelhos foram acariciados por mãozinhas, hamsters foram postos no colo e ganharam cócegas, enquanto tartarugas se arrastavam pelo chão. Fiquei profundamente comovida ao ser convidada para brincar com essas crianças e ajudá-las a cuidar dos dóceis animais. Eu estava fazendo as visitas do Dia das Boas Ações, e já ia me despedir para seguir com a mídia ao próximo local, quando a professora veio falar comigo, entusiasmada. Ela me contou que um menino na turma sofria de um caso severo de hipersensibilidade sensorial, mas que superara o problema corajosamente e acariciara os animais que haviam sido levados até ele. Ela disse que guardaria seu sorriso no coração para sempre.

Aprendi a aceitar plenamente a verdade universal de que estamos interconectados, que somos todos um. E, embora isso com toda certeza se aplique à espécie humana, também estamos conectados a *todos* os elementos do nosso mundo: terra, animais, natureza, ar e água.

Quando aceitarmos essa visão de nós mesmos e nossa conexão com o planeta, poderemos começar a compreender o velho mundo e as razões de seu colapso. Todos nós somos afetados pelo que acontece na Terra. Por exemplo, eu acredito que os desastres naturais que temos visto aumentar ultimamente, tanto no número de casos como em termos da devastação intensa que estão causando – terremotos, tsunamis, incêndios florestais, secas e enchentes –, são sinais de uma ferida que a Terra está limpando. Nosso planeta tem necessidade de se purgar de anos de energia negativa acumulada, do mesmo modo como nós nos purgamos através da introspecção e da prática do bem.

Ative sua Bondade

É interessante considerar que, quando as mudanças dramáticas no mundo envolviam apenas a natureza, as pessoas ainda podiam se dar ao luxo de não enxergar a verdade ou enfrentar a necessidade de mudança. Mas agora vemos que a crise financeira global levou muitos a se conscientizarem do fato de que o velho mundo já não funciona mais. As economias mundiais e as estruturas governamentais que se baseavam em velhos modelos de escassez, medo e disputas de poder estão desmoronando e dando lugar ao novo mundo.

Acredito que seja essa a razão por que tantas pessoas ficam profundamente abaladas só de ouvir falar nas crises financeiras e na violência; estamos todos conectados. Podemos sentir tudo isso em um nível emocional, às vezes até físico, mesmo que não tenhamos sido diretamente prejudicados pela recessão ou pelas guerras em outros países.

Alcançar uma Conexão Mais Profunda

Acredito que a razão por que tudo isso está sendo sentido tão profundamente no momento é o fato de haver um nível bem mais alto de conscientização geral, resultado da superconexão por meio da internet. Não é mais possível ocultar o colapso das instituições, tampouco os conflitos que ocorrem *abaixo da superfície*. O mundo adquiriu maior transparência, e podemos ver e sentir quão frágeis e caóticas as coisas se tornaram ao nosso redor.

E isso nos leva de volta ao ponto de partida. Quando experimentamos o caos em nós mesmos, é o caos que vemos refletido no planeta. No dia em que resolvermos esse caos interior e nos limparmos (o que sabemos que somos capazes de fazer através da prática do bem), o resultado final será um mundo melhor.

Agora podemos ver que o empurrão em direção à sustentabilidade ambiental envolve muito mais do que apenas a decisão de se tornar verde. A espiritualidade está em alta, e aceitamos que a própria Terra é uma entidade viva, que respira – as árvores, os animais, os relacionamentos... tudo tem energia. Em nossa interconexão, nós, como humanos, somos diminuídos quando qualquer parte da natureza é prejudicada, e acho que está na hora de refletirmos mais profundamente sobre a questão. Quando você prejudica qualquer criatura viva, prejudica, na verdade, a si mesmo, porque somos todos um.

Compreendo que esses conceitos são complexos, e que há muito mais a ser feito. Pode parecer uma tarefa gigantesca, e talvez você não saiba por onde começar. Portanto, meu conselho é: comece em algum lugar. Atue da maneira mais arrojada que puder na proteção à natureza, ao meio ambiente e ao planeta. Como indivíduo, você pode começar limpando a sua rua ou bairro. Pode aprender sobre sustentabilidade e fazer alguma coisa, por menor que seja. Mexa-se, cada pequena ação conta porque, juntas, as pequenas ações se tornam uma grande ação.

Se você é professor (primário, secundário ou universitário), desafie seus alunos a incorporar conceitos ou atos sustentáveis ao dever de casa e trabalhos em grupo. Se dirige uma empresa, inspire suas equipes a identificar iniciativas sustentáveis em suas operações e forneça recursos para que as boas ideias possam ser implementadas. Como funcionário em qualquer setor de sua empresa, encoraje

Ative sua Bondade

seus colegas e a equipe administrativa a tomar medidas positivas.

Como cientista ou pesquisador, proponha-se a descobrir novas realidades ambientais de que ouviremos falar e sobre as quais poderemos agir. Se ocupa uma posição de liderança, se é um ator ou palestrante, inspire o público através de seus atos e palavras. Como jornalista, publique boas notícias e ações positivas que estejam sendo realizadas por cidadãos, para que outros possam aprender a partir desses exemplos. Qualquer um, em qualquer lugar, pode fazer a sua parte.

Ao fazer o bem pelo planeta e pelo meio ambiente do modo como puder, seja aceitando um desafio complexo ou realizando um simples ato cotidiano, você aumenta a vontade coletiva; e é minha crença que, quando muitas pessoas começarem a agir, alcançaremos o ponto da virada. Quando nossos atos e valores coletivos fizerem a balança pender para o lado da proteção e da sustentabilidade ambiental, esses atos e valores se tornarão um estilo de vida, transformando a nós mesmos e a Terra.

Coletivamente, temos o poder de fazer aflorar a mais bela e pacífica essência em nós mesmos e no mundo, como jamais vimos. Mal posso esperar, e o planeta também. Pense o bem, fale o bem e faça o bem: a hora de agir é agora.

◊ ◊ ◊

CAPÍTULO 9

Como Fazer o Bem Transforma sua Vida

Portanto, se é meu desejo motivá-lo a agir, o que mais posso dizer? Será que já esgotei todos os meus argumentos? Não, não totalmente. Este livro jamais estaria terminado se fosse necessário que eu chegasse a uma conclusão, porque, assim que as ondas da bondade começam a se propagar, elas são tão poderosas que não têm começo nem fim. Elas não podem ser detidas!

Acredito plenamente que essa minha teoria – de que fazer o bem mudará o mundo – conquistará os que ainda têm dúvidas e, finalmente, poderemos convencer todos a participarem. Por favor, considere isso como a sua passagem para embarcar em uma jornada conosco, juntando-se a nós na prática diária do bem. Tornar-se membro do nosso grupo é muito fácil: não é preciso pagar taxa de inscrição. Basta começar com qualquer ato de bondade, e você será um membro querido e respeitado.

Ative sua Bondade

Talvez você ainda precise de alguns argumentos para se convencer, ou talvez conheça pessoas que ainda não estão dispostas a aderir. Se for o caso, vamos reservar um momento para considerar quatro benefícios pessoais de que você desfrutará ao tomar a decisão consciente de pensar o bem, falar o bem e fazer o bem.

Primeiro, a prática do bem aumenta a autoestima e a autoconfiança. Segundo, ela faz de você um líder e uma inspiração para os outros. Terceiro, permite que seus melhores atributos se manifestem. E, quarto, traz mais felicidade e alegria para a sua vida.

Aumentar sua Autoestima

Vamos explorar o primeiro ponto: como fazer o bem aumenta a autoestima e a autoconfiança. Isso funciona em todos os níveis. No físico, pense nas ocasiões em que não se sente feliz em relação ao próprio corpo. Você resolve vestir roupas velhas, achando que nada que usar vai ficar bem, já que está se sentindo péssimo de uma maneira geral.

Mas, se dedicar alguns cuidados a si mesmo, como caprichar no visual todos os dias, você se sentirá melhor. Quando você se maquia – ou, se for homem, se barbeia sem pressa e passa loção após barba –, isso faz muita diferença. Na minha opinião, as pessoas geralmente se sentem melhor quando se cuidam.

Você pode, então, se olhar no espelho e dizer: "Nossa! Estou tão bem hoje!" Comigo, pelo menos, isso já aconteceu; algumas vezes na minha vida, a decisão consciente de cuidar melhor de mim fez uma enorme diferença. No meu caso, isso significa iniciar o dia saindo para dar uma corrida ou fazer uma caminhada, e reservando um tempo para meditar – desse jeito, eu me sinto muito mais confiante de que terei um dia bom.

No nível emocional, quando você se sente triste, deprimido, pode começar a reclamar das coisas que não vão bem na vida, concentrando-se somente em pensamentos como *Ele me magoou* ou *Ela me irritou*. Nesse caso, você simplesmente não vai se sentir bem consigo mesmo, pois não está em um bom estado de espírito. Mas, se mudar de humor, tentando não se fixar tanto nessas coisas e procurando ter pensamentos mais positivos sobre o dia e o que ele lhe reserva, é bem provável que descubra que a vida flui muito melhor. É o resultado natural do modo como você pensa e se sente, e, se suas ações forem dignas de orgulho, terá mais confiança e desfrutará de maior autoestima.

Certa vez, ouvi a história de uma mulher que havia se mudado para um abrigo devido à violência doméstica. Ela estava com muito medo de deixar o lugar e com vergonha de ser reconhecida naquele péssimo estado, já que não tinha dinheiro para comprar maquiagem nem fazer o cabelo. Por sorte, o dono de um salão de beleza que havia visitado o abrigo e se solidarizado com o drama daquelas mulheres ofereceu ajuda. Concordou em deixar o salão aberto por um período extra ao final do expediente, para atendê-las em particular, preservando a privacidade das clientes. Um look caprichado seria oferecido gratuitamente. Para isso, convidou um amigo, especialista em maquiagem, para ajudá-lo.

Ative sua Bondade

Deu supercerto. Uma das mulheres ficou imensamente agradecida já que, com a transformação no visual, tanto a autoestima como a autoconfiança foram às alturas. "Há anos que a única maquiagem que trago no rosto é o tom arroxeado dos hematomas. Hoje, graças a essa maravilhosa iniciativa, não só meu astral está ótimo como também aprendi a me maquiar, a cuidar do visual e da minha feminilidade."

Deixar seu Líder Interior se Manifestar

Agora, vamos considerar o segundo ponto. Acredito que a prática do bem faz de você um líder e uma inspiração para os outros. Pessoalmente, sempre me senti inspirada por pessoas que fizeram a diferença no mundo, como Martin Luther King, Jr., Mahatma Gandhi e Madre Teresa de Calcutá. Sempre os admirei profundamente. E não admiro apenas os que são famosos, mas qualquer um que esteja fazendo coisas extraordinárias. Estejam essas pessoas usando seu treinamento profissional ou seus talentos naturais, elas são uma grande fonte de inspiração para mim.

Certa vez, assisti na TV a um documentário sobre um médico que foi para um vilarejo na América do Sul atender cidadãos que haviam perdido ou nascido sem um membro. Ele confeccionava próteses para amputados, e fez uma incrível diferença para essas pessoas. Elas tiveram uma imensa melhora na qualidade de vida e ficaram profundamente gratas. O médico usou seus talentos pelo bem maior, e, embora pouquíssimas pudessem lhe pagar pelos préstimos, isso não importava para ele. Acho esse tipo de atitude muito inspirador.

Outra história fascinante foi sobre um homem que quis ajudar toxicômanos moradores de rua. Ele sabia em que bairro ficavam, por isso fazia questão de atravessar aquelas zonas maltratadas quando dava sua corrida diária. O homem passava por eles correndo e, pouco a pouco, alguns dos sem-teto começaram a praticar com ele. Por fim, vários pararam de usar drogas, pois começaram a se sentir melhor em relação ao físico e a suas vidas.

Fiquei comovida com essa história porque o homem tomou a iniciativa de fazer o bem e ofereceu uma inspiração discreta porém profunda para aqueles indivíduos. Na verdade, ele lhes mostrou um jeito simples de começarem a se sentir melhor. A bondade de sua ação se propagou com o tempo e fez uma enorme diferença. Você também pode fazer o mesmo. Pode se tornar um líder através do simples ato de fazer o bem. Outros o verão e se sentirão inspirados.

Até alguém meditando em silêncio no gramado do parque ou na areia da praia pode servir de inspiração. Muitas vezes, quando uma pessoa faz isso, você vê outras seguirem o seu exemplo. Uma se une à primeira, depois uma terceira se junta às duas, e assim por diante; e agora você tem um grupo meditando em benefício do mundo, irradiando uma boa energia. De repente, vemos surgir um líder em alguém que estava apenas sentado em silêncio.

Em minha própria comunidade, tive o privilégio e a emoção de conhecer dois líderes muito inspiradores, graças a uma entrevista que eles fizeram comigo no Dia das Boas Ações. A entrevista foi exibida em um dos maiores portais

Ative sua Bondade

de notícias de Israel, e os dois jovens eram membros da Shalva, a Associação de Crianças com Deficiências Físicas e Mentais, em Israel. Efrat tem síndrome de Down e Matanel, necessidades especiais, mas mesmo assim ambos quiseram saber como poderiam participar do Dia das Boas Ações.

A entrevista correu muito bem, e tenho certeza de que inúmeros espectadores se comoveram com o entusiasmo testemunhado. Também fiquei encantada em saber que Efrat e Matanel descobriram um modo excelente de participar do Dia das Boas Ações: eles se ofereceram para visitar idosos e filhos de trabalhadores estrangeiros, fazendo questão de brindá-los com um pouco de felicidade. Embora esses dois jovens tenham seus próprios desafios, eles não pararam para se preocupar consigo mesmos: concentraram-se em usar seu tempo para ajudar o próximo, e sua liderança serve de inspiração para mim e muitos outros. Ainda por cima, Efrat e Matanel produziram um filme maravilhoso, intitulado *Special Interview* [Entrevista Especial], onde documentaram sua jornada única ao tentarem realizar o sonho de entrevistar Barack Obama.

Conectar-se ao Melhor de Si

Agora, passaremos ao terceiro ponto: como fazer o bem permite que os seus melhores atributos se manifestem. Fazer o bem revela todos os tipos de boas qualidades, como a bondade, o respeito, o amor, a compaixão, a aceitação, a paciência e a tolerância. Quando você faz o bem a si mesmo, torna-se mais humano e afetuoso consigo mesmo, e tem mais amor para compartilhar.

Vou dar um exemplo extraído da minha própria vida. Tive um relacionamento pessoal íntimo que abriu o meu coração. Embora tenha enfrentado muitas dificuldades no começo, a experiência me ensinou valiosas lições, inclusive a paciência e a aceitação. Ao me concentrar em fazer o bem a mim e ao outro, finalmente pude aprender a aceitar as pessoas como elas são.

Agora sei o que quero e a importância de me manter fiel a mim mesma. Também aprendi que sou forte e autoconfiante. Essa foi uma das lições mais importantes para mim: a de não tentar controlar tudo e me permitir confiar em Deus e no universo. Acredito que a experiência tenha feito aflorar qualidades ocultas no fundo de minha alma, e fico profundamente grata por isso. E tudo aconteceu porque eu estava concentrada em fazer o bem.

Você nunca sabe quais qualidades descobrirá em si mesmo ao fazer o bem. Contaram-me sobre um teleatendente de uma empresa de radiotáxi que se angustiava demais ao ouvir falar em hospitais. Mas, quando um dos motoristas da empresa foi internado para se submeter a uma cirurgia cardíaca, ele decidiu visitá-lo quase todos os dias. A experiência abriu seus olhos para as dificuldades enfrentadas pelas famílias dos pacientes, que têm de passar horas esperando enquanto acompanham os entes amados. Ele observou que não era fácil para eles fazer as refeições e o quanto isso lhes pesava no bolso, por não estarem em casa. Quando precisavam de algo, era aquele sufoco; e, para piorar ainda mais a situação, às vezes tinham muita dificuldade em compreender os termos científicos que os médicos usavam. Como explicou o homem:

"Eu comecei a pensar em uma maneira de ajudá-los, e envolvi todos os motoristas da empresa nesse esforço.

Ative sua Bondade

Um deles trouxe chá e café, outro veio com a filha, que é médica, para explicar o que estava acontecendo. Um terceiro organizou as refeições, e foi assim que os ajudamos durante o período de internação."

Quando o motorista recebeu alta, a empresa decidiu continuar praticando a boa ação; e, hoje, todos os motoristas são voluntários nos hospitais e tentam facilitar a vida das famílias dos pacientes, cuidando para que estes tenham o que comer e que haja alguém para executar pequenos serviços, como pagar as contas ou buscar os filhos na escola – já que os motoristas passam mesmo o dia inteiro rodando em seus táxis. Eles têm o maior prazer em ajudar. Essa experiência continua a fazer aflorar o que há de melhor em cada motorista, enquanto eles se desdobram para ajudar de maneiras que talvez nem tivessem se imaginado capazes.

Aumentar sua Felicidade e Alegria

Pelo restante deste capítulo, eu gostaria de observar que fazer o bem traz mais felicidade e alegria para a sua vida. Vamos começar com a ideia de que o bem é uma energia luminosa e que a luz traz alegria, felicidade e paz a tudo que toca. Acredito que faz parte da nossa natureza nos sentirmos mais felizes quando pensamos o bem, falamos o bem e fazemos o bem.

Para perceber a verdade desse fato, você só tem de refletir sobre como se sente quando *não* está pensando ou fazendo o bem. Se pratica atos que sabe que não são bons, agridem a natureza ou podem ferir alguém, é muito mais provável que se sinta culpado, envergonhado e constrangido do que feliz.

Para mim, há muitas coisas que trazem alegria e felicidade. Naturalmente, a primeiríssima são meus filhos – estar com eles, vê-los crescer e compartilhar suas vidas. Mas há também muitas outras que me fazem feliz, como a natureza, as flores, as florestas, o mar, a música, a dança, um bom musical ou um filme inspirador, um sorriso genuíno ou o som alegre de uma risada.

Minha paixão é inspirar o ser humano, seja individualmente ou falando para um grupo. Quando vejo o brilho em seus olhos e sei que estão "captando a mensagem", fico simplesmente eufórica. Quando vejo a lâmpada se acender para as pessoas e sei que as inspirei a fazer mudanças positivas para si mesmas e os outros, isso me deixa mais feliz do que praticamente qualquer outra coisa.

Para mim, este livro é mais uma maneira de divulgar minha mensagem para que as pessoas possam se conectar a si mesmas e espalhar sua bondade para todos os círculos cm suas vidas. Continuc lendo para descobrir como todos os nossos esforços coletivos estão ganhando impulso – uma massa crítica de bondade está chegando.

◊   ◊   ◊

CAPÍTULO 10

Dia Internacional das Boas Ações

A ideia de criar o Dia das Boas Ações me ocorreu certa manhã, quando eu passeava pelas dunas em Israel, em uma de minhas caminhadas matinais. E pensei: *Por que não reservar um dia todos os anos em que todos sejam encorajados a fazer uma boa ação? Para participar, seria preciso somente que tivessem o desejo de fazer o bem.*

O conceito para esse dia se baseou na minha firme convicção de que cada um de nós, sem exceção, pode dar um pouco de si em benefício dos outros, conforme seus próprios talentos e habilidades. Todos podem praticar uma boa ação e contribuir para a comunidade em que vivem.

Pensei que fazer uma boa ação poderia ser tão simples quanto sorrir para alguém – porque sorrir para os outros é um modo de irradiar energia positiva. Ou algumas pessoas poderiam preferir participar de uma experiência coletiva mais ampla nesse dia – onde se oferecessem para colaborar com um projeto de desenvolvimento sustentável da comunidade.

Quando uma massa crítica se reúne para fazer o bem, pode-se realizar muita coisa até mesmo em um único dia, como limpar um parque ou recolher o lixo de uma praia, pintar um centro comunitário, fazer uma visita a um grupo de idosos para alegrar-lhes a tarde, batendo um papo, tocando música ou participando de jogos com eles.

Quando conversei com minha equipe sobre essa ideia, pareceu-nos lógico que devesse ser organizada e administrada pela Ruach Tova, uma ONG da Arison. O primeiro evento ocorreu na primavera, como uma espécie de festival do bem. Permitiu que grupos beneficentes tivessem a oportunidade de refletir sobre seu papel na sociedade e promover sua causa, assim como realizar boas obras para o público. Também foi um dia especial para os voluntários brilharem e comemorarem o tempo que dedicam a causas que os inspiram.

Quando minha equipe e eu começamos a promover esse dia, queríamos encorajar todos a participarem, fosse por si mesmos, com um ato pessoal de bondade, fosse se juntando a um projeto comunitário com os vizinhos, colegas de trabalho ou círculo social. Também acolhemos estudantes de todas as idades, idosos, soldados... qualquer pessoa, sem exceção. A Ruach Tova recebeu uma infinidade de propostas e entrosou muitas pessoas com projetos específicos para o Dia das Boas Ações que estava sendo comemorado em suas comunidades.

Ative sua Bondade

Começar de um Modo Simples

No ano de 2007, no nosso primeiro Dia das Boas Ações em Israel, aproximadamente 7 mil pessoas participaram. As equipes da Ruach Tova e da Arison fizeram um trabalho de organização incrível e me levaram para visitar diferentes projetos em vários locais, durante um dia inteiro. Quando chegávamos para incentivar os grupos, eu ficava profundamente emocionada ao ver as demonstrações de carinho e bondade, além dos sorrisos daqueles que estavam sendo ajudados. Os voluntários usavam camisetas feitas especialmente para o Dia das Boas Ações, e o entusiasmo era contagiante.

No segundo ano, iniciamos uma parceria com o jornal de maior circulação em Israel, transmitindo nossa mensagem tanto em suas páginas como no site, e isso ajudou a dobrar o número de participantes do primeiro ano, o que foi incrível de ver. No terceiro ano, foi empolgante assistir a mais de 40 mil pessoas de todas as regiões de Israel, e mesmo de algumas comunidades árabes, se unindo à causa, vindo ajudar nos projetos comunitários ou realizando um ato de bondade individual.

Ainda no terceiro ano, mantivemos a parceria com o jornal e nossos outros canais de promoção, mas acrescentamos as redes sociais e começamos a divulgar o evento na nossa página do Facebook. A cada ano, recebíamos mensagens de um número maior de organizações e comunidades ansiosas por participar, por isso nossa equipe teve o trabalho de rastrear todos os projetos e voluntários, integrando ainda mais pessoas que entravam em contato conosco, para garantir que todas fizessem algo de bom naquele dia.

Durante os anos seguintes, a adesão não parou de crescer, e começamos a ser contatados por pessoas de fora de Israel que tinham adorado a ideia e queriam participar. Em 2010, já estávamos recebendo 70 mil voluntários para realizar boas ações e fazer o bem, e esse número tornou a dobrar no ano seguinte.

Criar uma Campanha na Internet

Quando começávamos a fazer planos para 2012, tivemos uma grande alegria ao encontrarmos mais um patrocinador que combinava à perfeição conosco. A MTV Europa se juntou a nós como parceira estratégica na divulgação dessa ideia em todo o mundo. Ela nos ajudou a promover uma ampla campanha de conscientização, visando alcançar uma plateia internacional, particularmente entre os jovens.

A MTV International produziu um supercomercial que foi veiculado na tevê e na internet durante seis meses antes do Dia das Boas Ações em 2012. Eles criaram um website conjunto que hospedou e ofereceu um prêmio de incentivo; além disso, coordenaram todos os seus canais editoriais para nos ajudar a promover a ideia. A campanha foi um sucesso, alcançando cerca de 24 milhões de visualizações na MTV. As pessoas compartilharam suas boas ações no website dedicado, postando milhares de vídeos, fotos e histórias.

Não apenas a campanha alcançou 24 países em toda a Europa, como também recebeu um tremendo feedback nas redes sociais, que levou a solicitações de voluntários em

Ative sua Bondade

quase 50 países! Já tínhamos conseguido internacionalizar o Dia das Boas Ações, e, em 2012, mais de 250 mil pessoas em Israel e milhares de outras ao redor do mundo participaram de ações individuais e coletivas de boa vontade. Naquele ano, 163 autoridades locais em Israel se envolveram na ação, incluindo 62 das 68 municipalidades árabes. Foi maravilhoso.

Mais de 3.700 projetos foram realizados naquele único dia. Havia projetos para pintar casas de idosos; grupos renovando escolas e creches; equipes se reunindo para plantar jardins comunitários; outros preferiram formar grupos musicais e se apresentar para vizinhos; centenas participaram de coletas de alimentos, e muito mais.

Foi assombroso ver a incrível diversidade de projetos e ideias que as pessoas conceberam! Barbearias e salões de cabeleireiro cortaram de graça o cabelo dos que não podiam pagar, proporcionando a essas pessoas um dia de mordomias digno de colocar o astral lá nas alturas. Em outros casos, cortes gratuitos e novos estilos foram oferecidos aos que tinham cabelo comprido, e, quando possível, o cabelo cortado foi doado a organizações que produzem perucas para pacientes em quimioterapia.

Ficamos sabendo de uma mulher no Reino Unido que realizava seu ato de bondade durante o ano inteiro: ela deixava uma moeda no carrinho do supermercado para o próximo cliente – apenas um pequeno ato de bondade pessoal que alegrava o dia do comprador seguinte. Em outra comunidade, alguém teve a ideia de organizar músicos de rua que se apresentavam sozinhos em uma orquestra na praça principal, para que todos apreciassem o espetáculo.

Associações beneficentes locais descobriram que o Dia das Boas Ações era uma excelente ocasião para aproveitar a atmosfera e encorajar doações mais generosas a suas causas meritórias e alistar voluntários que estivessem dispostos a se comprometer com a associação durante o resto do ano, estendendo sua boa vontade para além dos eventos do dia.

O Dia das Boas Ações cresce a cada ano, e ficamos surpresos ao ver seu alcance e impacto se expandir por todo o mundo. Sempre que alguém faz uma boa ação em benefício do próximo ou de nosso planeta, o círculo de bondade se expande, e mais e mais pessoas e comunidades participam.

Desse modo, o Dia das Boas Ações serve como exemplo de como o mundo pode ser o ano inteiro, não apenas em um único dia. Se adotarmos os valores do Dia das Boas Ações e começarmos a agir todos os meses do ano, tenho certeza de que criaremos uma massa crítica para realizar uma mudança essencial e duradoura. Fico feliz de compartilhar apenas algumas das milhares de ações ao redor do mundo que chegaram ao nosso conhecimento, para inspirar você a fazer a diferença de seu próprio jeito.

O Dia das Boas Ações se Espalha Mundo Afora

Imagine o homem na Índia que ficou devastado ao ver uma linda, frondosa e antiga árvore cair perto da plataforma da estação ferroviária em sua comunidade. Estava claro que a parte posterior fora podada em excesso pelos jardineiros, o que a levara a tombar. Mas ninguém

Ative sua Bondade

na estação ferroviária quis admitir isso, e se recusaram a ajudá-lo a substituir a árvore. Quando deram as costas, o homem se aproximou.

"Tomei a iniciativa de replantar, eu mesmo, uma muda. Fiz isso como um presente à Mãe Terra e a todos os humanos e pássaros que se abrigavam naquela velha árvore."

Também ficamos sabendo de um grupo criativo na Argentina que decidiu marcar o Dia das Boas Ações em Buenos Aires apresentando um grande cartaz com os dizeres: "Não há nada melhor a fazer no mundo do que ajudarmos uns aos outros!", em um cruzamento movimentado. Além disso, distribuíram balas e papéis com sugestões de boas ações aos motoristas que paravam no sinal. Desse modo, puderam ver o impacto imediato. No começo, alguns motoristas estressados ficaram confusos com o gesto, mas, depois de receberem as balas e lerem os papéis, muitos sorriram e desejaram aos voluntários um bom-dia, e outros até se juntaram à atividade. A partir desse pequeno ato de bondade, um sentimento de camaradagem se espalhou por todo o cruzamento, diariamente agitado.

Na Ucrânia, o Dia das Boas Ações foi levado um passo adiante e transformado em um evento que durou uma semana em oito cidades, com 10 mil voluntários. Uma das mais memoráveis atividades foi organizada por voluntários que fizeram um leilão beneficente com obras de arte criadas por órfãos e crianças hospitalizadas. Além da venda das pinturas, eles recolheram desejos secretos dessas crianças para criar a "Árvore dos Desejos", onde cada árvore representava o sonho de uma criança, e os participantes do leilão eram convidados a realizar o sonho dela ali mesmo. Uma criança desejou um novo amigo, e, em resposta, outra criança não deixou escapar a oportunidade e até ofereceu seu próprio bicho de pelúcia.

Atividades que Transformam Vidas

Em muitas cidades dos Estados Unidos, houve uma quantidade incrível de atividades coletivas e atos pessoais no Dia das Boas Ações. Por exemplo, um grupo de servidores públicos de Nova York uniu forças com dois grupos de assistentes sociais para entregar quentinhas a pessoas acamadas em uma manhã chuvosa de domingo. Uma voluntária teve uma experiência particularmente comovente. Após tocar a campainha no endereço designado, ela foi recebida por uma mulher encantadora que havia se maquiado e posto seu vestido favorito para a ocasião. As duas passaram a manhã trocando histórias sobre suas famílias que viviam longe, e combinaram de se encontrar todos os domingos para um brunch.

Também sorrio ao pensar na jovem de Nova Jersey cuja história chegou ao nosso conhecimento. Ela ensinava crianças a dançarem o swing em um programa de atividades extracurriculares num bairro carente. Para o Dia das Boas Ações, ela decidiu planejar uma apresentação das crianças em um lar de idosos local para levar um pouco de diversão e entusiasmo aos residentes, alegrando o dia. Ela pensou que, como esse ritmo tinha sido muito popular durante a primeira metade do século 20, talvez os idosos pudessem relembrar os bons tempos. As crianças ensaiaram muito para aprender a coreografia, e até fizeram camisetas

Ative sua Bondade

especiais para a apresentação. Os idosos do abrigo ficaram encantados ao receber um grupo de visitantes tão jovens e cheios de energia, e adoraram vê-los dançar ao som da música de sua juventude.

E também houve a creche das mães solteiras em Los Angeles, que estava precisando desesperadamente de uma pintura que deixasse o local mais alegre e acolhedor para as crianças. Uma empresa do mesmo bairro se ofereceu para passar uma demão de tinta no local, e todos os funcionários apareceram no Dia das Boas Ações para dar às paredes encardidas um novo visual. Um vibrante tom de amarelo, semelhante à luz do sol, foi escolhido pelas cuidadoras do centro, e o grupo de voluntários pintou com o maior prazer a sala de atividades, até mesmo acrescentando alguns animaizinhos com estêncil. Quando as crianças e as mães chegaram na manhã seguinte, desmancharam-se em sorrisos ao verem a nova decoração.

Em New Hampshire, um jovem apaixonado por literatura quis compartilhar seus contos. Ele procurou um ouvinte e encontrou um deficiente visual interessado em ter companhia. No Dia das Boas Ações, o escritor fez uma visita ao deficiente e passou a tarde lendo para ele. Os dois se beneficiaram com o encontro, e cada um ganhou um novo amigo. O deficiente adorou ouvir as histórias e se ofereceu para ouvi-las sempre que o escritor tivesse novos textos e quisesse sua opinião.

Na área de Raleigh, na Carolina do Norte, mais de 100 pessoas participaram das atividades do Dia das Boas Ações, que incluíram coleta de alimentos, distribuição de almoço em um abrigo, doações a famílias carentes e cestas básicas incrementadas para idosos acamados. As lindas cestas foram particularmente bem recebidas, conforme um homem comentou: "Foi muito bom receber um kit pessoal nesse dia, cheio de produtos especiais que, de outro modo, eu teria muito trabalho para conseguir. Mas o melhor foi o bilhete que havia dentro, me desejando um feliz feriado, com um nome e um número de telefone, para o caso de eu precisar de ajuda com alguma coisa. Isso me fez sentir que há pessoas que se importam com os outros na comunidade."

Vozes Cantando por Bondade

Como você pode ver, há incontáveis boas ideias e infinitas maneiras de fazer o bem. Para cada evento coletivo que mencionei, houve milhares de outros atos de bondade pessoal que foram realizados por indivíduos isolados.

É difícil escolher pontos altos, porque fui abençoada de ver e ouvir milhares de histórias maravilhosas sobre a prática do bem durante todos esses anos. Mas ainda contarei mais uma antes de terminar este capítulo. Eu estava na turnê rotineira do Dia das Boas Ações aqui em Israel, quando ouvi vozes vindas das árvores acima de mim. Levantei os olhos e observei jovens com sacolas a tiracolo, ajudando um fazendeiro a colher laranjas. Suas vozes animadas falavam em inglês, pois eram norte-americanos, e, quando os ouvi, fiquei tão eufórica que me senti como se estivesse de novo em casa. Eu passara o dia inteiro cercada por minha equipe, a mídia israelense e os voluntários que falavam hebraico; foi um prazer inesperado ouvir aquelas vozes alegres vibrarem em inglês, enquanto eles praticavam sua boa ação.

Ative sua Bondade

E foi então que eu soube, com certeza, que não precisava mais ter dúvidas sobre as minhas raízes, sobre a minha cidadania – sobre qual dos dois países ou mundos era o meu lugar. Ficou claro para mim, naquele dia glorioso, que sou americana, israelense e uma cidadã do mundo, como todos nós. *Somos todos um.*

Por isso, a cada ano – sempre em um domingo de março, e com datas agendadas até 2020 –, no Dia Internacional das Boas Ações (www.good-deeds-day.org), eu convido você a fazer o bem, realizando uma boa ação. Algo que beneficie a vida de outra pessoa, faça alguém feliz, melhore a condição humana ou o meio ambiente. Você sabe tão bem quanto eu que uma boa ação dessas também melhorará a sua vida e o deixará mais feliz, consciente de que contribuiu para fazer do mundo um lugar melhor.

Melhor ainda: por que não praticar boas ações todos os dias? Quando você pensa o bem, fala o bem e faz o bem, percebe que, juntos, ao expressarmos boa vontade e fé em nossa habilidade, estamos promovendo uma mudança real e duradoura, para nós e as futuras gerações.

◊ ◊ ◊

**Para obter as datas e outras informações sobre o Dia das Boas Ações no Brasil, busque:
gdd.goodnet.org/pt**

POSFÁCIO

Despertar para uma Nova Escolha – a Escolha de Fazer o Bem

Há muito sofrimento no mundo – pobreza, doenças, morte, destruição. A maioria de nós tende a jogar a culpa de nossos infortúnios em algum elemento externo, em algo fora de nosso controle. Eu, pelo menos, já fiz isso. Crises financeiras, relacionamentos fracassados, problemas de saúde… muitas coisas que todos nós vivenciamos em várias etapas da vida. Naturalmente, todos experimentam reveses, e algumas dificuldades estão, de fato, fora de nosso controle – mas será que, para que amadureçamos, tudo tem sempre que ser tão intensamente doloroso?

Ative sua Bondade

Onde o sofrimento realmente ocorre? Acredito que seja em nossa mente, coração e corpo. Até que um dia – e para cada um de nós a ocasião é diferente – dizemos: "Basta de sofrer!"

Meu dia chegou, e a lâmpada se acendeu quando me dei conta de que o meu sofrimento vinha de dentro. Sinceramente, pense nisto: Onde você "vive"? Eu, pelo menos, vivo – e visualizo o mundo desse modo – no que penso e no que sinto.

Naquele dia, tomei a decisão consciente de não sofrer mais. Foi quando comecei a viver. Foi quando reconheci que estava criando o meu sofrimento, e tudo ao meu redor era apenas um "campo de aprendizado". Tudo fora de mim estava lá para que eu aprendesse e amadurecesse. Foi só depois dessa conscientização que pude tomar a decisão de me tornar uma pessoa feliz, saudável e em paz comigo e com o mundo.

Sim, a estrada foi longa, e ainda a estou percorrendo. Mas cada dia é um novo despertar. Hoje, convido você a parar de sofrer e se tornar uma pessoa feliz, saudável e em paz. Encontre o seu jeito – o seu jeito pessoal e único – de alcançar essa meta. Apenas lembre:

Alcance-a Fazendo o Bem.

◊   ◊   ◊

AGRADECIMENTOS

Eu precisaria de páginas e mais páginas para listar todos os nomes das pessoas a quem gostaria de agradecer; por favor, saibam que aprecio todos vocês. Quero agradecer sinceramente a minha família e aos amigos, principalmente aos meus filhos, e às pessoas que me cercam diariamente, em casa e no trabalho, por seu apoio incomensurável. Sou grata às equipes administrativas e diretorias de todas as nossas empresas e organizações filantrópicas, e também a meus sócios, conselheiros e funcionários, particularmente àqueles que me ajudaram com este livro (vocês sabem quem são).

Obrigada a meu agente literário, Bill Gladstone, da Waterside Productions, por me pedir para escrever um segundo livro e por me apoiar durante todo o processo. Muito obrigada à equipe editorial e à equipe de marketing na Hay House. Devo demais a Noa Mannheim, que dedicou muito de seu tempo e experiência profissional ao me ajudar a editar meu primeiro livro, *Birth: When the Spiritual and the Material Come Together*, e o esboço original do manuscrito que veio a se tornar este livro. Também sou grata a Simone Graham, que atuou como editora e orientadora ao preparar *Ative Sua Bondade* para publicação.

Papel: Pólen Soft 80g
Tipo: Bembo
www.editoravalentina.com.br